Heike Baake | Iris Greiser | Tina Jakobsen

W0228657

Integration Spezial A1
Aussichten

Kursmaterial mit Audio-CD

Ernst Klett Sprachen
Stuttgart

Vorwort

Liebe DaZ-Kursleitende und Interessierte,

Integration Spezial A1 verfolgt das Ziel, zugewanderten Migrant/inn/en Orientierungshilfe in ihrem Lebensalltag in Deutschland zu geben. Im Zentrum steht dabei die Vermittlung von alltagsrelevantem und landeskundlichem Wissen.

Besonderheiten des öffentlichen und beruflichen Lebens werden fokussiert und grundlegende Kompetenzen in verschiedenen Handlungsfeldern trainiert. Die Teilnehmer/innen vergleichen persönliche Erfahrungen mit Eigenheiten hiesiger Umgangsformen und bringen so ihr Wissen aktiv in den Lern- und Integrationsprozess ein.

Integration Spezial A1 setzt sich aus einzelnen Modulen zusammen. In jedem Modul werden in einer mehrschrittigen Aufgabenabfolge 3 – 4 Themen behandelt. Die in sich geschlossenen Einheiten lassen sich einzeln herausgreifen und flexibel im Kurs einsetzen.

Die Aufgaben regen zu Austausch, Recherchen und Projekten an. Im Leitfaden für Kursleitende, der Ihnen als Download unter www.klett.de/integrationspezial zur Verfügung steht, finden Sie eine didaktische Anleitung, Hintergrundinformationen und weitere Anregungen.

Das Material ist in Verbindung mit dem Lehrwerk Aussichten entstanden. Verweise machen dort auf die entsprechenden Einsatzmöglichkeiten von Integration Spezial aufmerksam. Natürlich können Sie Integration Spezial auch ergänzend zu anderen Lehrwerken in Integrationskursen benutzen.

Wir wünschen Ihnen eine interessante Arbeit mit Integration Spezial!
Autorinnen und Verlag

1. Auflage   1   5 4 3 2 1 | 2014   2013   2012   2011   2010

© Ernst Klett Sprachen GmbH, Stuttgart 2010. Alle Rechte vorbehalten.
Internetadresse: www.klett.de

Alle Drucke dieser Auflage sind unverändert und können im Unterricht nebeneinander verwendet werden. Die letzte Zahl bezeichnet das Jahr des Druckes. Das Werk und seine Teile sind urheberrechtlich geschützt. Jede Nutzung in anderen als den gesetzlich zugelassenen Fällen bedarf der vorherigen schriftlichen Einwilligung des Verlags. Hinweis zu § 52 a UrhG: Weder das Werk noch seine Teile dürfen ohne eine solche Einwilligung eingescannt und in ein Netzwerk eingestellt werden. Dies gilt auch für Intranets von Schulen und sonstigen Bildungseinrichtungen. Fotomechanische oder andere Wiedergabeverfahren nur mit Genehmigung des Verlags.

Autorinnen: Heike Baake, Iris Geiser, Tina Jakobsen
Beratung: Lourdes Ros-El Hosni, Jürgen Schweckendiek
Redaktion: Coleen Clement
Herstellung: Claudia Stumpfe
Gestaltung: Marion Köster, Stuttgart
Satz: Marion Köster, Stuttgart; Ulrike Promies, Metzingen
Illustrationen: Vera Brüggemann, Bielefeld
Umschlaggestaltung: Silke Wewoda
Druck und Bindung: W. Kohlhammer Druckerei GmbH + Co. KG, Stuttgart
Printed in Germany

ISBN: 978-3-12-676202-1

Inhalt

Die Symbole bedeuten:

 Sie arbeiten mit Ihrer Lernpartnerin / Ihrem Lernpartner zusammen.

 Sie arbeiten in der Gruppe.

 Sie hören mit der Audio-CD.

Modul 1

1 Du und Sie

Du oder Sie? Wie spricht man sich in Deutschland an?

a | Welche Situationen sehen Sie? Ordnen Sie die Fotos zu.

E Familie | ☐ Amt | ☐ Arbeitskollegen | ☐ Deutschkurs | ☐ Geschäft | ☐ Freunde

🔊_1 b | Du oder Sie? Hören Sie die Dialoge und ordnen Sie zu. Zu einem Foto passen zwei Dialoge.

Dialog	1	2	3	4	5	6	7
Bild							

c | Wann sagt man „du", wann sagt man „Sie"? Ergänzen Sie bitte.

du   Familie,

Sie

duzen
eine Person mit *du* ansprechen

siezen
eine Person mit *Sie* ansprechen

d | Wie ist das in Ihrem Land? Duzt / Siezt man sich auch? Wie spricht man eine Person an?

- In … sagen Kinder … zu Erwachsenen.
- Arbeitskollegen sprechen sich mit … an.

2 Buchstabieren

Wie buchstabieren Sie Ihren Namen deutlich?

INFO

In diesem Alphabet sind viele Wörter Vornamen.

 _2   **a |**   Sehen Sie das Buchstabieralphabet an und hören Sie. Sprechen Sie leise mit.

Das deutsche Buchstabieralphabet

A	Anton	**K**	Kaufmann	**ß**	Eszett
Ä	Ärger	**L**	Ludwig	**T**	Theodor
B	Berta	**M**	Martha	**U**	Ulrich
C	Cäsar	**N**	Nordpol	**Ü**	Übermut
D	Dora	**O**	Otto	**V**	Viktor
E	Emil	**Ö**	Ökonom	**W**	Wilhelm
F	Friedrich	**P**	Paula	**X**	Xanthippe
G	Gustav	**Q**	Quelle	**Y**	Ypsilon
H	Heinrich	**R**	Richard	**Z**	Zacharias
I	Ida	**S**	Samuel		
J	Julius	**SCH**	Schule		

_3–5   **b |**   Welche Vor- und Familiennamen hören Sie? Schreiben Sie.

Vorname   Familienname

1. _____   _____

2. _____   _____

3. _____   _____

c | Wie schreiben Sie Ihren Namen? Fragen und buchstabieren Sie jetzt im Kurs.

- ▪ Wie heißen Sie?
- ▫ Mein Name ist … Ich buchstabiere: …

INFO

Auskunft
Da kann man nach Telefonnummern und Adressen fragen.

Inlandsauskunft   118 33
Auslandsauskunft   118 34
Auskunft auf Türkisch
                              118 36
Auskunft auf Englisch
                              118 37

_6   **d |**   Hören Sie den Dialog bei der Auskunft. Spielen Sie dann den Dialog mit Ihrem Namen.

- ▪ Ich brauche bitte eine Nummer in …, von …

3 Adressen

Wie schreibt man in Ihrem Land Adressen? Wie sind deutsche Adressen?

a | Sehen Sie die Adressen an und ordnen Sie die Länder zu.

> Thailand | USA | Ungarn | Frankreich

Tóth Imre	Park Hotel	M. André GARNIER	Thien Rattaporn
H-1117 Budapest	219 West 49th Street	15, rue Pasteur	943 Rama IV Rd.
Rákóczi út 18	New York, N.Y. 10019	92210 PARIS	Bangkok 10500

b | Schreiben Sie eine Adresse aus Ihrem Land auf. Vergleichen Sie die Adressen im Kurs.

c | Adressen in Deutschland. Wo steht was? Ergänzen Sie die Informationen an der richtigen Stelle.

> 70619 | Glaunerweg | Urbanstr. 5 | Neubauer | Thomas | 10961 Berlin | 18 | München

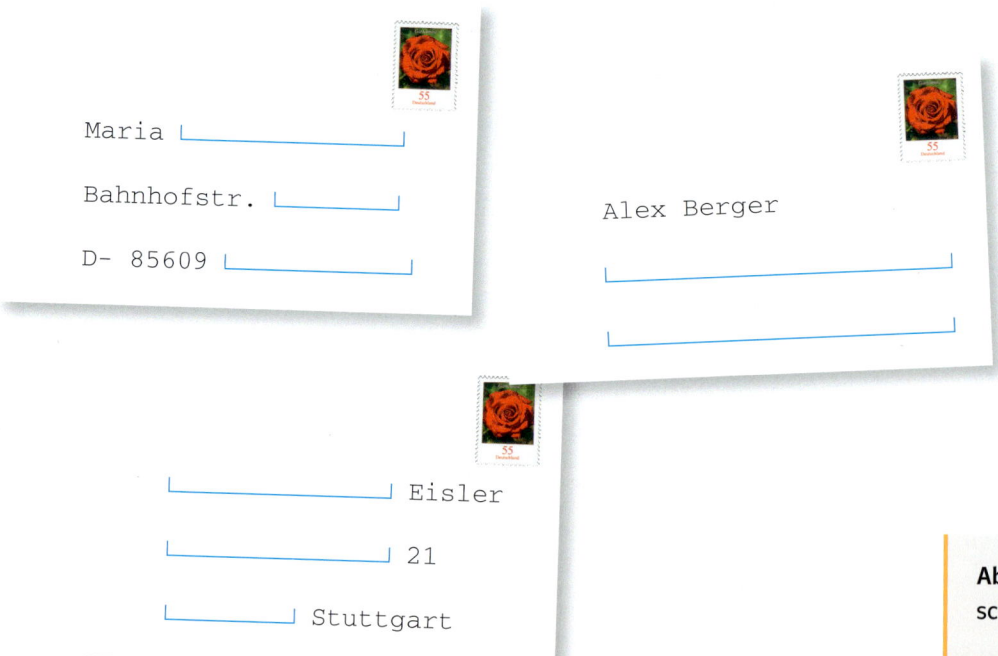

Maria ⌐____

Bahnhofstr. ⌐____

D- 85609 ⌐____

Alex Berger

____

____

____ Eisler

____ 21

____ Stuttgart

Absender (Abs.)
schickt den Brief

Empfänger
bekommt den Brief

d | Sie schreiben einen Brief an Ihre Lernpartnerin / Ihren Lernpartner.
Fragen Sie nach der Adresse. Ergänzen Sie auch Ihre Adresse.

4 Persönliche Angaben

Was sind persönliche Angaben? Was heißt „Familienstand"?
Wie nennt man seinen Namen?

a | Name, Adresse, Geburtsdatum und Familienstand: Lesen Sie und ordnen Sie zu.

Ich heiße Eva Bünting. Ich bin verheiratet und wohne mit meinem Mann und unseren Kindern in der Sanderstraße 43. Das ist in 12047 Berlin. Ich bin 39 Jahre alt und habe am 22. März Geburtstag.

- Name: Eva Bünting

b | Sehen Sie die Zeichnungen an. Wie ist Ihr Familienstand?

c | Füllen Sie bitte das Formular mit Ihren persönlichen Angaben aus.

ANMELDUNG

Name		Vorname	
Geburtsdatum		Familienstand	
wohnhaft in		Postleitzahl	
Straße		Hausnr.	

_7

d | Wie sagen Sie in Deutschland Ihren Namen? Hören Sie den Dialog auf dem Amt. Wie heißt der Mann? Kreuzen Sie an.

☐ Walter Paul   ☐ Paul Walter

e | Ergänzen Sie jetzt den Dialog.

A Guten Tag, Herr _____.
B Guten Tag.
A Was kann ich für Sie tun, Herr _____?
B Entschuldigung, mein Name ist _____,
der Familienname ist _____.
A Oh, entschuldigen Sie, Herr _____.

f | Spielen Sie nun den Dialog mit Ihrem Namen.

Familienstand

verheiratet

ledig

geschieden

verwitwet

Lebenspartnerschaft

Vorname   Name

Eva Bünting

Nachname   Familienname

Modul 2

1 Über das Befinden sprechen

Was antwortet man auf die Fragen Wie geht es Ihnen? / Wie geht es dir? / Wie geht's?

a | *Wie geht es Ihnen? Wie geht es dir? Wie geht's?* Sehen Sie die Fotos an und ordnen Sie die Fragen zu.

b | Wie sind die Antworten? Ordnen Sie zu und spielen Sie die Dialoge.

- [ ] Ach, nicht so gut. Ich bin müde und habe Stress. Weißt du, ich …
- [ ] Danke, gut. Und Ihnen?
- [ ] Danke, ganz gut, viel Arbeit im Garten!
- [ ] Supergut! Und dir?

c | Ergänzen Sie jetzt die Information.

> Nachbarn | Freunde | Familie | Geschäftspartner | Bekannte

 INFO

In **offiziellen** Situationen, z. B. _____, antwortet man positiv:
Danke, sehr gut. / Danke, gut.

In **halboffiziellen** Situationen, z. B. _____, _____ antwortet man
positiv und manchmal auch neutral: *Danke, ganz gut. / Es geht.*

Nur in **privaten** Situationen, z. B. _____, _____, antwortet man in
Deutschland mit *Super!* oder *Es geht mir nicht gut*. Und man sagt, warum (z. B. Stress, Krankheit).

d | Begrüßt man sich in Ihrem Land auch so? Was antwortet man in offiziellen, halboffiziellen und privaten
Situationen? Sprechen Sie im Kurs.

2 Wochentage

**Montag, Dienstag, Mittwoch, Donnerstag, Freitag, Samstag, Sonntag:
Was ist für die Wochentage typisch?**

INFO

In vielen Regionen sagt man nicht Samstag, sondern *Sonnabend*.

a | Was macht man an den Wochentagen in Deutschland? Was wissen Sie schon?
Sammeln Sie Ihre Ideen im Kurs.

🔵_8 b | Lesen Sie die Sätze. Hören Sie dann die Dialoge und ergänzen Sie die Wochentage.

Da kaufen Familien zusammen ein.

Da frühstücken viele Leute später.

Da ist das Kino oft billiger.

Da sind Museen zu. _Montag_

Da haben viele Ärzte nachmittags zu.

Da arbeitet man nicht so lange.

Da haben viele Ämter und Banken lange offen.

c | Der Sonntag ist in Deutschland ein spezieller Tag. Sehen Sie die Bilder an.
Welche Bilder passen zum Sonntag? Kreuzen Sie an.

Grundschule

d | Ist das in Ihrem Land auch so? Welcher Tag ist speziell? Was machen Sie da? Zeichnen und erzählen Sie.

3 Bei der Arbeitsagentur

Sie suchen eine neue Arbeit? Wie können Sie Ihre Situation und Ihre Wünsche erklären?
Wie stellen Sie sich neuen Kollegen vor?

_9 a | Herr Motta sucht eine neue Arbeit. Er geht zur Arbeitsagentur.
Lesen Sie die Sätze. Hören Sie dann den Dialog. Richtig oder falsch? Ergänzen Sie bitte.

r	Herr Motta ist Koch von Beruf.
	Er möchte aber als Verkäufer arbeiten.
	Er möchte vormittags arbeiten.
	Er möchte fünf Tage in der Woche arbeiten.

b | Sehen Sie das Dialogmodell an und hören Sie noch einmal. Spielen Sie dann den Dialog.

- Guten Morgen!
- Mein Name ist …
- Ich bin …, aber … Ich möchte …
- …
- Hm, … zu wenig. Ich möchte …
- Oh! Das klingt interessant!

- Guten Morgen. Sie sind Herr / Frau …?
- Ah ja, Herr / Frau … Ich bin … … helfen?
- Moment. Wann möchten Sie arbeiten?
- Hier: … sucht …
- Ich habe noch ein Jobangebot: …

_10 c | Der 1. Tag im Restaurant: Wie stellt sich Herr Motta seinen Kollegen vor?
Hören Sie und ordnen Sie.

	Familienstand
1	Name
	Wohnort
	Kinder
	Beruf
	Land

d | Wie stellen Sie sich vor? Schreiben Sie einen kleinen Text.

e | Bilden Sie Gruppen und spielen Sie: Stellen Sie sich an Ihrem neuen Arbeitsplatz vor.

4 Neue Kontakte und Fragen

Sie lernen jemanden kennen. Was können Sie fragen? Welche Fragen sind zu persönlich?

a | Sehen Sie die Cartoons an und sprechen Sie im Kurs. Was ist das Problem?

b | Neue Kontakte: Welche Fragen sind in Deutschland neutral, welche sind zu persönlich? Ordnen Sie zu.

neutrale Fragen 😀	zu persönliche Fragen ☹

1. Woher kommen Sie?
2. Welche Sprachen sprechen Sie?
3. Wie alt sind Sie?
4. Sind Sie ledig?
5. Was machen Sie beruflich?

6. Haben Sie Arbeit?
7. Was sind Ihre Hobbys?
8. Wie viel verdienen Sie?
9. Sind Sie krank?
10. Wo wohnen Sie?

c | Wie ist das in Ihrem Land? Was kann man fragen? Was kann man nicht fragen? Sprechen Sie im Kurs.

Modul 3

1 Sprachkenntnisse und Sprachprobleme

Wie sind Ihre Sprachkenntnisse? Wo gibt es Sprachprobleme? Wie können Sie damit umgehen?

a | Lesen Sie die Texte und ergänzen Sie die Tabelle.

1 Ich komme aus Südindien, aus dem Bundesstaat Karnataka. Meine Muttersprache ist Kannada. Englisch ist meine Zweitsprache.

2 Meine Mutter ist Deutsche, mein Vater ist Spanier. Deshalb spreche ich beide Sprachen. Außerdem spreche ich gut Englisch und ein bisschen Französisch.

3 Meine Muttersprache ist Kurdisch. Ich musste aber in der Schule Türkisch sprechen. Jetzt bin ich hier in Deutschland und lerne Deutsch.

	Muttersprache/n	Zweitsprache	Fremdsprache/n
1. Shanti			
2. Rafael			
3. Can			

b | Welche Sprachen sprechen Sie? Wie gut? Sprechen Sie mit Ihrer Lernpartnerin / Ihrem Lernpartner.

- Meine Muttersprache ist …
- Ich spreche auch ein bisschen / gut / sehr gut …
- Mein Deutsch ist sehr gut / gut / noch nicht so gut …

- Meine Zweitsprache ist …
- Ich lerne …

_11 c | Sprachprobleme auf dem Amt: Hören Sie den Dialog und kreuzen Sie an.

Frau Gün muss	☐ ein Formular kaufen.	☐ ein Formular ausfüllen.
Sie spricht	☐ ein bisschen Deutsch.	☐ gut Deutsch.
Ihre Muttersprache ist	☐ Türkisch.	☐ Arabisch.
Das Formular gibt es	☐ auf Türkisch.	☐ nur auf Deutsch.
Die Sachbearbeiterin	☐ hilft Frau Gün.	☐ nennt eine Beratungsstelle.

INFO
Probleme mit Formularen? Fragen Sie die Sachbearbeiter. Sie müssen Ihnen helfen.

d | Hören Sie bitte noch einmal und notieren Sie die drei Fragen von Frau Gün.

2 Jemanden vorstellen

Leute, die sich nicht kennen, stellt man vor. Wie macht man das in Deutschland?

a | Sehen Sie die Bilder an und lesen Sie die Texte. Was passt zusammen? Ordnen Sie zu.

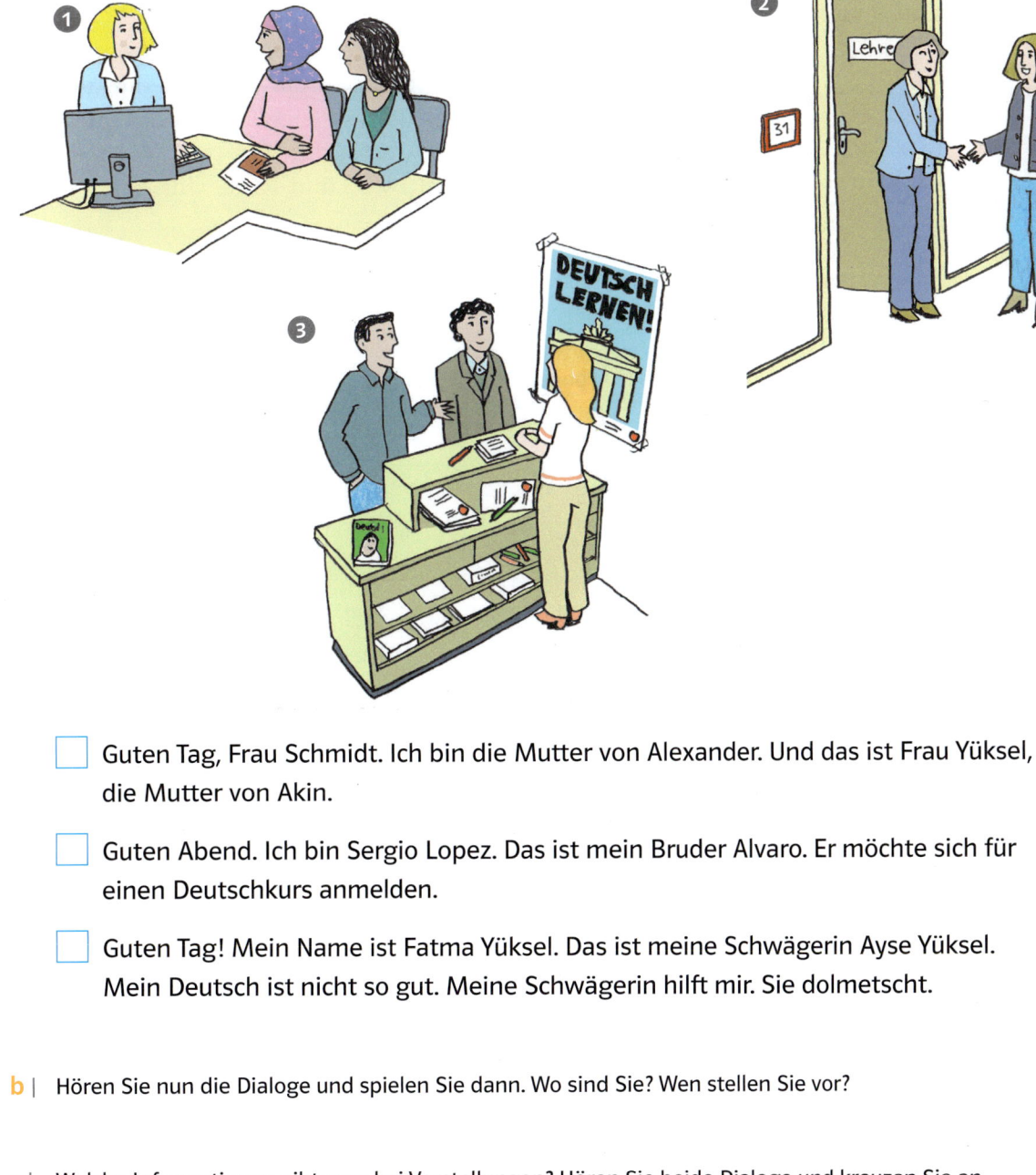

☐ Guten Tag, Frau Schmidt. Ich bin die Mutter von Alexander. Und das ist Frau Yüksel, die Mutter von Akin.

☐ Guten Abend. Ich bin Sergio Lopez. Das ist mein Bruder Alvaro. Er möchte sich für einen Deutschkurs anmelden.

☐ Guten Tag! Mein Name ist Fatma Yüksel. Das ist meine Schwägerin Ayse Yüksel. Mein Deutsch ist nicht so gut. Meine Schwägerin hilft mir. Sie dolmetscht.

_12 b | Hören Sie nun die Dialoge und spielen Sie dann. Wo sind Sie? Wen stellen Sie vor?

_13 c | Welche Informationen gibt man bei Vorstellungen? Hören Sie beide Dialoge und kreuzen Sie an.

☐ Name ☐ Beziehung zur Person ☐ Beruf
☐ Wohnort ☐ Familienstand ☐ Krankheit
☐ Alter ☐ Herkunft

d | Welche Informationen gibt man in Ihrem Land? Gibt es Unterschiede?
Spielen Sie eine typische Situation vor.

3 Arbeitszeiten und Pausen

Wie sind die Arbeitszeiten in Deutschland geregelt? Wann macht man Pausen?

a | Lesen Sie den Text. Vergleichen Sie dann im Kurs: Was ist in Ihrem Land üblich? Wie sind die Arbeitszeiten?

Arbeitszeit in Deutschland

Die Arbeitszeit ist normalerweise 38,5 Stunden in der Woche. Manche arbeiten Teilzeit, also z. B. 20 oder 30 Stunden pro Woche. Arbeitsbeginn ist in den Büros, in der Verwaltung und in den Geschäften in der Regel zwischen 7.00 und 9.00 Uhr. Mittagspause machen die meisten zwischen 12.00 und 13.00 Uhr. Der Arbeits-schluss ist unterschiedlich, aber für viele zwischen 16.00 und 18.00 Uhr.

b | Was meinen Sie: Was macht man in der Arbeitszeit? Was macht man in den Pausen?
Kreuzen Sie an. Vergleichen Sie dann mit Ihrer Lernpartnerin / Ihrem Lernpartner.

	Arbeitszeit	Pausen
Frühstücksbrot essen		
Zigarette rauchen		
zur Toilette gehen		
einkaufen		
einen Kaffee trinken		
die Blumen gießen		
einen kleinen Spaziergang machen		
einen Dienstgang machen		
mit den Kollegen sprechen		
im Internet surfen		
private E-Mails lesen		
telefonieren		
zum Arzt oder zur Bank gehen		

c | Pausen: Wie ist es in Ihrem Land? Notieren Sie die Antworten und sprechen Sie dann im Kurs.

- Welche Pausen macht man in Ihrem Land?
- Sind Pausen in der Arbeitszeit normal?
- Wie viele Pausen sind üblich?
- Wie lang sind die Pausen?
- Was macht man in den Pausen?

4 Pünktlichkeit

Wie wichtig ist Pünktlichkeit? Wo muss man pünktlich sein? Wann ist man pünktlich?

a | Was ist für Sie pünktlich? Lesen Sie die Situationen und ordnen Sie zu.

1. Sie haben um 10.00 Uhr einen Termin beim Zahnarzt. → Sie kommen um 10.05 Uhr.
2. Eine Freundin kocht für Sie und lädt Sie um 20.00 Uhr ein. → Sie kommen um 19.30 Uhr.
3. Sie sind um 16.30 Uhr mit Freunden im Café verabredet. → Sie kommen um 17.10 Uhr.
4. Sie haben um 11.15 Uhr einen Termin bei einer Behörde. → Sie kommen um 11.20 Uhr.
5. Sie haben um 14.00 Uhr einen Termin mit Ihrem Chef. → Sie kommen Punkt 14.00 Uhr.

Das ist ...

pünktlich	noch in Ordnung	zu spät	zu früh

b | Vergleichen Sie jetzt im Kurs.

c | Wie ist es in Deutschland? Wo muss man pünktlich sein? Wo kann man etwas später kommen?
Sprechen Sie im Kurs.

> Arzt | Treffen mit Freunden | Schule | Deutschkurs | Termin mit dem Chef |
> Kino | Abendessen bei Kollegen zu Hause | Termin mit Kunden | Bahnhof / Zug |
> Party | Arbeitsagentur | Theater | ...

d | Herr Köhler kommt immer zu spät. Was sagt er? Ordnen Sie zu.

☐ Entschuldigung, ich habe verschlafen.
☐ Entschuldigung, ich habe den Bus verpasst.
☐ Oh, meine Uhr geht falsch.

e | Kommen Sie manchmal auch zu spät? Erzählen Sie oder spielen Sie eine Situation.

Modul 4

1 Kontakte zu Nachbarn

Sie brauchen Hilfe. Was können Sie Ihre Nachbarn fragen?

🔘 _14   **a |** Lesen Sie die Fragen und hören Sie den Dialog. Kreuzen Sie an.

1. Was ist das Problem?
   - ☐ Frau Berger ist krank.
   - ☐ Frau Ritter ist krank.

2. Wer geht einkaufen?
   - ☐ Frau Berger.
   - ☐ Frau Ritter.

3. Was braucht Frau Berger?
   - ☐ Milch und Käse.
   - ☐ Brot und Milch.

b | In welchen Situationen können Sie Hilfe von Ihren Nachbarn bekommen?
Kreuzen Sie an und sprechen Sie im Kurs.

1. ☐ Sie sind krank.
2. ☐ Sie möchten telefonieren, aber Ihr Telefon ist kaputt.
3. ☐ Sie brauchen Geld.
4. ☐ Sie können einen Brief auf Deutsch nicht lesen.
5. ☐ Sie haben Hunger.
6. ☐ Sie haben keinen Zucker mehr.
7. ☐ Sie möchten fernsehen.
8. ☐ …

c | Kennen Sie Ihre Nachbarn? Wie verstehen Sie sich? Erzählen Sie im Kurs.

- ▪ Meine Nachbarn sind sehr nett.
- ▪ Ich kenne die Nachbarn nicht.
- ▪ Es gibt oft Probleme.

2 Orientierung im Supermarkt

Wie sehen Supermärkte aus? Wo finden Sie was?

a | Wie sieht Ihr Supermarkt aus? Sehen Sie das Bild an und zeichnen Sie dann Ihren Supermarkt.

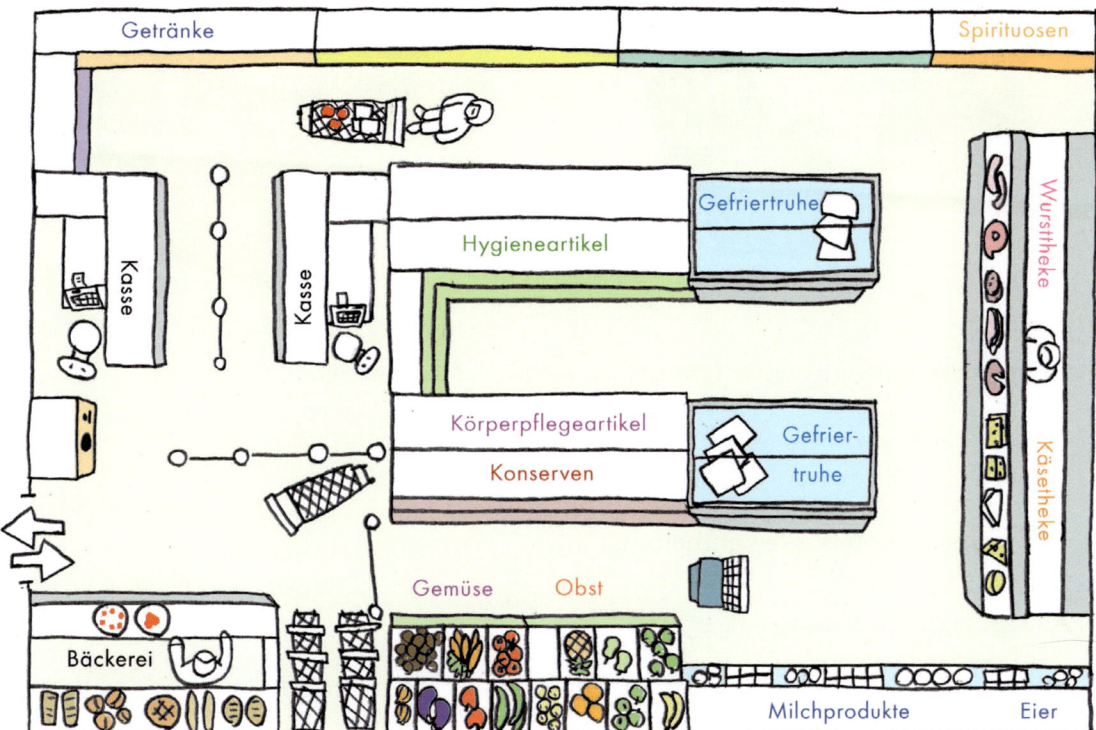

 b | Vergleichen Sie Ihre Zeichnungen. Was ist gleich? Was ist anders?

c | Kann man in den deutschen Supermärkten alles kaufen? Was finden Sie nicht? Erzählen Sie.

d | Lesen Sie die Texte. Welche Tipps bekommen Sie hier?

> ➔ Sie möchten billig einkaufen?
> Dann sehen Sie nach unten!
> Im Supermarkt sind die teuren
> Produkte meistens oben, die
> billigen sind unten.

> ➔ Sie möchten Milch kaufen?
> Dann nehmen Sie nicht die erste
> Milch im Regal. Meistens ist die
> Milch weiter hinten frischer!
> Vergleichen Sie das Datum.

> ➔ Schokolade und Bonbons gibt es
> auch an der Kasse. Aber Vor-
> sicht: Die kleinen Packungen
> an der Kasse sind teurer als die
> großen Packungen im Regal!

> ➔ Oft bezahlen die Kunden
> nicht nur für das Produkt. Sie
> bezahlen auch für den Namen.
> Markenprodukte sind oft teurer.
> Vergleichen Sie die Preise!

e | Sind diese Tipps neu für Sie? Haben Sie andere? Sprechen Sie im Kurs.

3 Produktinformationen auf Lebensmitteln
Was ist in den Lebensmitteln? Was steht auf den Produkten?

a | Kaufen Sie diese Produkte? Erzählen Sie im Kurs.

b | Welche Information passt zu welchem Produkt aus Aufgabe a? Ordnen Sie zu.

Kann Spuren von Nüssen enthalten.

Eis,

Nach dem Öffnen kühl
aufbewahren und in
2 – 3 Tagen verbrauchen.

Zutaten: Glukosesirup,
Zucker, Gelatine,
Citronensäure, …

KÜHL UND TROCKEN LAGERN.

Bei −18°C mindestens haltbar bis 14 / 08 / 10.

100 % Bio –
aus kontrolliert
biologischem Anbau

Jedes Glas à 250 ml hat:
Kalorien: 0 kcal
Zucker: 0 g
Fett: 0 g
…

Mit Kohlensäure versetzt.

c | Welche Produktinformationen sind für Sie wichtig? Sprechen Sie im Kurs.

▪ Ich esse keine Lebensmittel mit Gelatine. Ich bin Vegetarierin.

4 Öffnungszeiten von Geschäften

Wie sind in Deutschland die Öffnungszeiten von Geschäften? Wann ist Ladenschluss?

a | Die Öffnungszeiten sind in Deutschland in den Bundesländern unterschiedlich.
Wo wohnen Sie? Wie sind da die Öffnungszeiten? Ergänzen Sie die Tabelle.

> **das Geschäft / der Laden**
> Hier kann man einkaufen.

	Montag – Freitag	Samstag	Sonntag
Supermärkte			
Kleinere Geschäfte			
Bäckereien			
Blumenläden			
Apotheken			

b | Lesen Sie die Texte. Wie finden die Leute die Ladenöffnungszeiten? Wer ist zufrieden? Wer nicht?

1

Ich bin Studentin und wohne in Berlin. Es ist super, dass die Supermärkte so lange geöffnet haben. Man kann um 23.00 Uhr noch Lebensmittel einkaufen!

2

Ich bin Rentnerin und stehe morgens schon sehr früh auf. Viele Geschäfte im Zentrum machen erst um 10.00 Uhr auf. Das finde ich sehr spät. Abends haben sie dann bis 20.00 Uhr geöffnet. Aber das ist für mich uninteressant.

3

Ich bin Bäcker und habe eine eigene Bäckerei. Am Sonntag dürfen wir nur drei Stunden öffnen, von 8.00 bis 11.00 Uhr. Das ist zu kurz! Viele Leute möchten sonntags frische Brötchen kaufen. Aber sie möchten nicht so früh aufstehen.

4

Hier in Hamburg sind die Geschäfte viermal im Jahr auch sonntags geöffnet. Das ist schon etwas Besonderes! Da gehe ich mit meiner Frau und den Kindern in das große Einkaufszentrum. Wir haben dann keinen Stress und essen da manchmal auch zu Mittag.

c | Sind Sie mit den Öffnungszeiten zufrieden? Wie sind Ihre Erfahrungen? Sprechen Sie im Kurs.

Modul 5

1 Über Kenntnisse und Fähigkeiten sprechen

Sie suchen eine Arbeit oder einen Job. Wie können Sie Ihre Kenntnisse und Fähigkeiten beschreiben?

a | Herr Köhler sieht in der Zeitung eine Stellenanzeige. Lesen Sie die Anzeige. Wer wird gesucht? Was wird erwartet?

> ### Elektriker (m/w)
>
> Wir suchen für unsere Kunden in Hannover und Umgebung eine/n Elektriker/in mit Berufserfahrung. Wir erwarten selbstständiges Arbeiten, Flexibilität, Team- und Kommunikationsfähigkeit.
>
> Interesse? Dann rufen Sie uns an oder senden Sie uns Ihren Lebenslauf per Post oder E-Mail.
>
> Brauer-Elektrik Jädekamp 37 30419 Hannover

b | Herr Köhler interessiert sich für die Stelle und ruft die Firma Brauer-Elektrik an. Lesen Sie die Fragen und hören Sie dann das Gespräch. Schreiben Sie.

Hat Herr Köhler Berufserfahrung? _____

Arbeitet er gerne im Team? _____

Welche Sprachen spricht er? _____

Was schickt er der Firma? _____

INFO

Die Firma Brauer-Elektrik zahlt nach Tarif. Tarifgehälter legen Gewerkschaften und Arbeitgeber gemeinsam fest.

c | Suchen Sie interessante Anzeigen. Schreiben Sie dazu Ihre Kenntnisse, Fähigkeiten und Erfahrungen auf.

Kenntnisse (z. B. Sprachen, Computer, Führerschein, …):
_____

Fähigkeiten (z. B. Ich kann im Team arbeiten./Ich bin kreativ, …):
_____

Berufliche und praktische Erfahrungen (z. B. mit Kindern, …):
_____

das Gehalt
das Geld, das man als Angestellte/r für die Arbeit bekommt

der Lohn
das Geld, das man als Arbeiter/in bekommt

das Honorar
das Geld, das man als Selbstständige/r bekommt

d | Überlegen Sie sich zu Ihren Anzeigen die passenden Fragen des Arbeitgebers/der Arbeitgeberin:

- Haben Sie Erfahrung?
- Arbeiten Sie gerne im Team?
- Sind Sie flexibel?
- Haben Sie einen Führerschein?
- …

e | Spielen Sie nun das Telefongespräch.

2 Auf dem Rathaus

Was können Sie auf dem Rathaus erledigen? Was sind Bürgerbüros?

a | Kennen Sie das Rathaus in Ihrer Stadt und / oder in Ihrem Stadtbezirk? Wo ist es? Was kann man da machen?

b | Lesen Sie den Text.

> Im Rathaus arbeiten der / die Bürgermeister/in und die Stadtverwaltung. In größeren Städten gibt es in den Stadtteilen außerdem kleinere Bezirksrathäuser. Hier gibt es auch oft Bürgerbüros (oder: Bürgeramt, Bürgerservice). Sie können dort viele Sachen erledigen.

c | Was kann man im Bürgerbüro erledigen?
Sehen Sie das Schild an. Was verstehen Sie?

Frau Fell	EG, Raum 05	Einwohnermeldeamt, Passamt, Beglaubigungen von Dokumenten, Gewerbeanmeldung, Lohnsteuer
Frau Götz	EG, Raum 07	EU- Führerscheine, internationale Führerscheine, GEZ-Gebührenbefreiung
Herr Schorr	1. Stock, Raum 11	Kindergartenanmeldung, Anträge zur Eheschließung, Geburtsurkunden, Namensänderungen
Frau Schauf	1. Stock, Raum 12	An- und Abmeldung von Mülltonnen, An- und Abmeldung von Hunden, Fundsachen

d | Wer geht wohin? Warum? Schreiben Sie bitte.

1. Herr Minarek möchte ein Restaurant eröffnen.
   Frau Fell / Raum 5 / Gewerbeanmeldung

2. Frau Bau hat eine neue Wohnung. Sie muss sich ummelden.

3. Fatih braucht für den neuen Job eine offizielle Kopie von seinem Schulzeugnis.

4. Anna kommt aus Peru und muss ihren Führerschein anerkennen lassen.

5. Frau Meier ist arbeitslos und kann die Gebühren für das Radio und den Fernseher nicht mehr bezahlen.

6. Lisa Keppler sucht für ihre Tochter einen Platz im Kindergarten.

7. Daniel hat zum Geburtstag einen Hund bekommen.

e | Gibt es in Ihrer Nähe ein Bürgerbüro? Wie ist die Adresse? Wie sind die Öffnungszeiten? Recherchieren Sie.

3 Öffentliche Verkehrsmittel

**Welche öffentlichen Verkehrsmittel gibt es? Wie kauft man die Fahrkarten?
Wie liest man Linien- und Fahrpläne?**

a | Welche Verkehrsmittel sind „öffentliche" Verkehrsmittel? Sprechen Sie im Kurs.

b | Für die öffentlichen Verkehrsmittel braucht man immer eine Fahrkarte. Meistens kauft man sie am
Automaten. Was müssen Sie beachten? Sehen Sie das Ticket an und ordnen Sie die Wörter zu.

> die Fahrkarte =
> der Fahrschein =
> das Ticket

Tarifzone | Datum | Uhrzeit | Alter | Anzahl der Fahrten | Preis

1 _____

2 _____

3 _____

4 _____

5 _____

6 _____

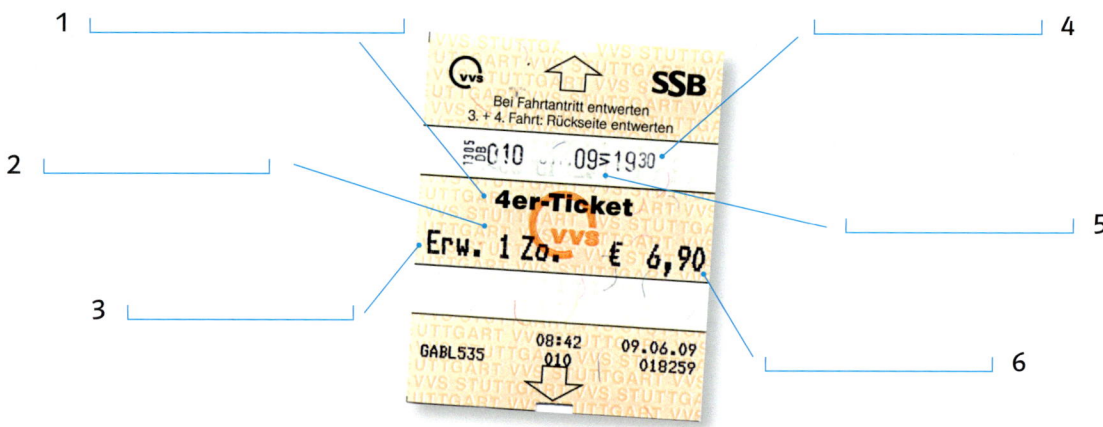

c | Wie kaufen Sie an diesem Automaten ein Ticket?
Ordnen Sie die Sätze.

☐ Ticket wählen (z. B. Erwachsene/r oder
Kind drücken).

☐ Ticket bezahlen.

1 Fahrtziel und Nummer in der Liste suchen.

☐ Nummer eingeben.

☐ Fahrkarte und Wechselgeld entnehmen.

 d | Recherchieren Sie.

- Welche öffentlichen Verkehrsmittel gibt es in Ihrer Stadt?
- Wo kauft man die Fahrkarten?
- Gibt es verschiedene Zonen?
- Wie sind die Fahrpreise? Welche Fahrkarten gibt es?
- Wie lange sind die Tickets gültig?
- Was kostet es, wenn man „schwarzfährt"?

 INFO

Schwarzfahren
Wer ohne Fahrkarte fährt
und kontrolliert wird,
muss eine Strafe zahlen.

e | Wie liest man Linienpläne? Sehen Sie den Stuttgarter U- und S-Bahn-Plan an.

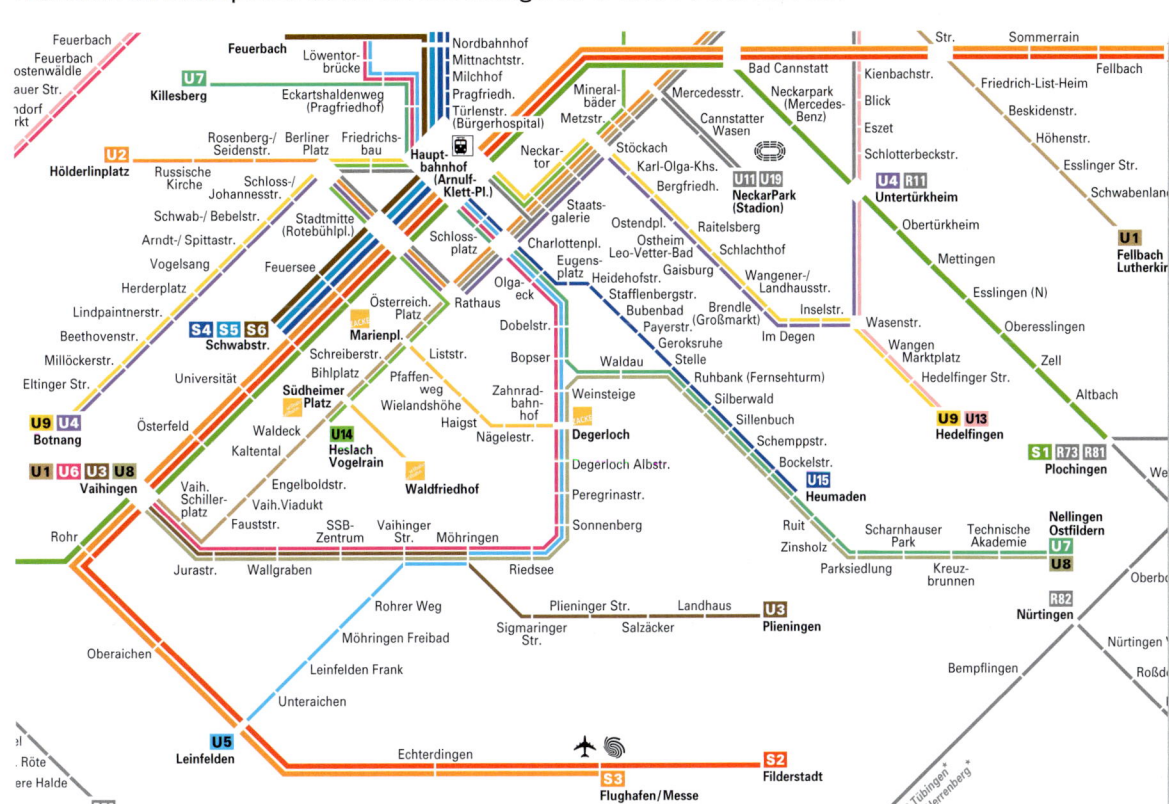

1. Sie sind am Hölderlinplatz und möchten nach Heumaden.   U 2 bis ..., U 7 / U 15 bis ...

2. Sie sind am Hauptbahnhof und möchten zum Flughafen.

3. Sie sind am Hauptbahnhof und möchten nach Plieningen.

4. Sie sind an der Endstation der U15 und möchten
   zum Neckarpark.

f | Analysieren Sie bitte den Fahrplan.

- An welcher Haltestelle sind Sie?
- Wohin fährt die S3?
- Wie viele Stationen sind es bis Rohr?
- Wie lange fährt die S3?
- Sie möchten um 9 Uhr in Vaihingen sein.
  Wann fahren Sie ab?

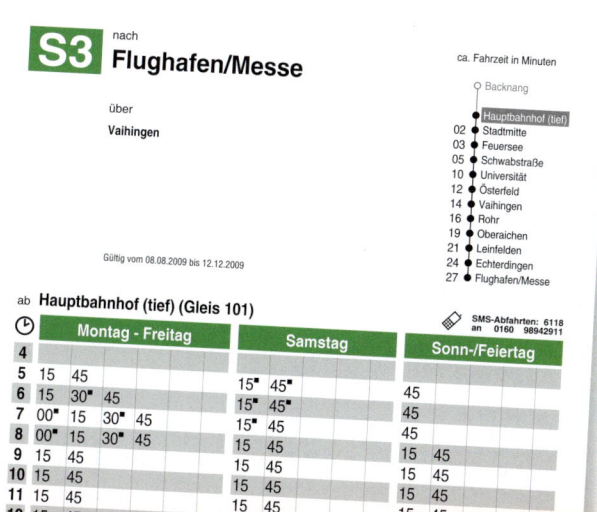

Modul 6

1 Mietprobleme und Mietrecht

Was steht im Mietrecht? Wo können Sie sich beraten lassen?

a | Lesen Sie die Texte. Was ist das Problem?

> **umziehen – der Umzug**
> die Wohnung wechseln

1 **Suse Kurz:** Ich habe eine Mieterhöhung bekommen. In den letzten zwei Jahren ist die Miete aber schon um 20 % gestiegen. Das will ich nicht bezahlen.

2 **Martin Janda:** Ich habe endlich eine Wohnung im Zentrum gefunden. Jetzt sagt meine alte Vermieterin, ich muss ihre Wohnung renovieren. Aber ich habe doch nur ein Jahr dort gewohnt!

3 **Familie Gomez:** Wir haben lange eine große Wohnung gesucht und nun endlich eine gefunden. Sie ist schon zum nächsten Monat frei. Wir können aber nicht zwei Mieten bezahlen.

4 **Eva Slipek:** Ich möchte in drei Wochen umziehen. Meine Vermieterin sagt, dass ich noch kündigen muss. Das habe ich ihr aber schon vor zwei Monaten gesagt!

5 **Ilse und Rolf Lorenz:** Wir sind an den Stadtrand gezogen. Es ist dort schön ruhig. Seit Dezember haben wir allerdings Probleme mit den Nachbarn: Wir können morgens den Schnee vor dem Haus nicht wegräumen. Wir müssen sehr früh zur Arbeit und haben dafür keine Zeit.

6 **Karl Weigel:** Im Treppenhaus funktioniert seit Wochen das Licht nicht mehr. Ich bin schon 76 und fühle mich dort unsicher. Darum muss sich der Vermieter kümmern!

 INFO

Mietkaution

Die Kaution ist eine Geldsumme (maximal drei Monatsmieten), die man extra an den Vermieter bezahlen muss. Wenn mit der Wohnung beim Auszug alles in Ordnung ist, bekommt man die Kaution zurück.

7 **Jens Hase:** Ich bin vor sechs Wochen umgezogen und habe meine Kaution von der alten Wohnung noch nicht zurückbekommen. Das geht doch nicht!

b | Hatten Sie auch schon ähnliche Probleme mit Ihrer Wohnung? Erzählen Sie.

c | Was steht im Mietrecht? Lesen Sie und ordnen Sie die passenden Texte zu.

eine Wohnung kündigen
einen Mietvertrag
beenden

Informationen aus dem Mietrecht

A Als Mieter müssen Sie drei Monate vor Ihrem Umzug kündigen. Sie müssen das immer schriftlich machen, mit Datum und Unterschrift.

B Die Miete darf in drei Jahren höchstens um 20 % steigen und nicht höher als die ortsübliche Miete sein. Der Vermieter braucht dafür die Zustimmung des Mieters.

C Sie möchten vor Ihrer dreimonatigen Kündigungsfrist ausziehen? Sprechen Sie mit dem Vermieter, vielleicht können Sie einen Nachmieter suchen.

D Der Vermieter muss die Kaution nicht sofort zurückbezahlen. Er kann eine Zeit lang prüfen, ob mit der Wohnung alles in Ordnung ist und alle Kosten bezahlt sind.

E Automatisch muss kein Mieter bei Auszug die Wohnung renovieren. Auch feste Zeitangaben im Mietvertrag (z.B. „Der Mieter muss nach drei Jahren die Küche und das Badezimmer renovieren.") sind nicht wirksam. Vorsicht bei extra Vereinbarungen!

F Der Vermieter muss die Wohnung und das Haus in einem guten Zustand halten. Einen kaputten Herd, kaputte Wasserhähne, das Licht im Treppenhaus, ... muss der Vermieter reparieren.

G Müssen Sie gemeinsame Räume im Haus reinigen? Sehen Sie in der Hausordnung oder im Mietvertrag nach. Wenn ja, dann müssen Sie in der Regel im Winter auch den Schnee vor dem Haus wegräumen.

A	B	C	D	E	F	G

d | Sprechen Sie über die Fälle: Welche Mieter haben recht oder können etwas machen? Notieren Sie die Namen.

e | Bei Miet- und Wohnungsfragen können Sie zu einer Mieterberatung gehen. Gibt es eine in Ihrer Nähe? Recherchieren Sie und sprechen Sie im Kurs.

- Ist die Beratung kostenlos?
- Gibt es dort Rechtsanwälte?
- Wie sind die Öffnungszeiten?
- …

Modul 6

2 Wohnungsbesichtigung
Wie vereinbaren Sie einen Besichtigungstermin? Was kann ein Vermieter fragen?

a | Herr Andres möchte eine Wohnung besichtigen. Hören Sie das Telefongespräch mit dem Vermieter. Spielen Sie dann einen ähnlichen Dialog.

- …

- Ja, der Besichtigungstermin ist …

- Die Wohnung ist …

- Auf Wiederhören.

▫ Guten Tag. Mein Name ist … Ich habe … Ich bin an … interessiert. Kann ich …?

▫ … Adresse?

▫ Gut, … Auf …

b | Was meinen Sie: Was darf ein Vermieter fragen?

	ja	nein
1. Haben Sie einen Hund / eine Katze?		
2. Wo arbeiten Sie?		
3. Bekommen Sie viel Besuch?		
4. Spielen Sie ein Instrument?		
5. Wie viel verdienen Sie monatlich?		
6. Haben Sie eine Freundin / einen Freund?		
7. Sind Sie in einem Mieterverein?		
8. Welche Hobbys haben Sie?		
9. Kochen Sie oft?		
10. Bekommen Sie Sozialhilfe?		
11. Wie viele Personen ziehen in die Wohnung ein?		
12. Sind Sie religiös?		

c | Lesen Sie die Information und vergleichen Sie.

 INFO

Das müssen Sie bei Wohnungsbesichtigungen richtig beantworten: alle Fragen nach Ihrer finanziellen Situation, Ihrem Arbeitsplatz, nach Haustieren und nach der Anzahl und dem Alter der Personen, die in die Wohnung einziehen.

d | Wie sind Ihre Erfahrungen mit Wohnungsbesichtigungen? Erzählen Sie.

3 Wohngeld

Wie kann man die Miete bezahlen, wenn man wenig verdient? Wie beantragt man Wohngeld?

a | Welches Problem hat Tamara Yesil?

> Ich wohne seit drei Jahren in Hamburg in einer Einzimmer-wohnung. Die Wohnung ist klein, aber sie liegt im Grünen und ich brauche nur zehn Minuten zur Arbeit. Das gefällt mir. Aber jetzt habe ich einen Brief vom Vermieter bekom-men. Er will die Miete erhöhen. Muss ich das bezahlen? Wenn ja, dann weiß ich nicht wie.

🔊 _17 b | Tamara telefoniert mit ihrer Freundin Julia in Berlin. Julia hatte das gleiche Problem. Was hat sie gemacht? Hören Sie und kreuzen Sie an.

☐ Julia ist zu einem Rechtsanwalt gegangen.   ☐ Julia hat Wohngeld beantragt.

🔊 _18 c | Lesen Sie zuerst die Sätze, hören Sie dann den 2. Teil des Gesprächs und kreuzen Sie an.

	richtig	falsch
Man bekommt das Wohngeld in der Regel für 2 Jahre.		
Man bekommt nur einen Teil der Miete.		
Wohngeld können alle bekommen.		
Die Wohngeldstelle ist immer im Wohnungsamt.		

d | Ergänzen Sie die Sätze.

> wenig verdienen | 12 Monate | Wohngeldstelle | Mietzuschuss

1. Man bekommt das Geld normalerweise für └──────────┘ .
   Dann muss man einen neuen Antrag stellen.
2. Man bekommt eine finanzielle Hilfe zur Miete, einen
   └──────────────┘ .
3. Wohngeld bekommen alle, die └──────────────┘ und
   keine anderen Sozialleistungen bekommen.
4. Einen Wohngeldantrag gibt man bei der └──────────┘ ab.

e | Wo ist in Ihrer Stadt die Wohngeldstelle? Recherchieren Sie.

 INFO

So können Sie einfach Wohngeld beantragen: Schreiben Sie einen Brief mit Ihrer Adresse, dem Datum und dem Satz: *Hiermit möchte ich für meine Wohnung in … Wohngeld ab dem … beantragen.* Das Amt schickt Ihnen dann das Formular. Füllen Sie es in Ruhe und mit Hilfe aus.

Modul 7

1 Wohlbefinden

Leben Sie gern in Deutschland? Was können Sie machen, um sich wohlzufühlen?

a | Sehen Sie die Bilder an und sprechen Sie: Warum fühlen sich die Personen wohl? Warum nicht?

b | Wann fühlen Sie sich wohl? Was ist Ihnen besonders wichtig? Kreuzen Sie vier Punkte an.

Ich fühle mich wohl, wenn ich

1. ☐ bei meiner Familie bin.
2. ☐ genug Geld verdiene.
3. ☐ meine Muttersprache spreche.
4. ☐ essen kann, was und wie ich möchte.
5. ☐ ohne Hilfe zum Arzt, zur Bank, … gehen kann.

6. ☐ Kontakt zu den Nachbarn habe.
7. ☐ allein oder mit anderen Sport mache.
8. ☐ gute Freunde / Freundinnen in der Nähe habe.
9. ☐ meinen Wohnort gut kenne und mich orientieren kann.
10. ☐ oft Besuch bekomme.

c | Und wie ist es hier in Deutschland? Welche Sätze von oben treffen zu? Welche nicht? Vergleichen Sie.

d | Was kann man machen, um sich in Deutschland wohlzufühlen? Haben Sie Ideen und Tipps? Sprechen Sie im Kurs.

7

2 U-Untersuchungen

Was sind U-Untersuchungen? Wann finden sie statt? Wie wird man informiert?

a | Was denken Sie: Wohin geht Tina Kleber?

_19 b | Hören Sie jetzt den Dialog. Was ist richtig? Kreuzen Sie an.

1. ☐ Tina Kleber geht zum Kinderarzt.

2. ☐ Marie ist 11 Monate alt.

3. ☐ Marie kann nicht gut hören und sehen.

4. ☐ Marie und ihre Mutter fahren zur U6.

INFO

Die U-Untersuchungen

Für Kinder zwischen 0 bis 6 Jahren gibt es zehn Untersuchungen beim Kinderarzt. Sie werden von den Krankenkassen bezahlt und im „gelben Heft" dokumentiert. Das „gelbe Heft" bekommt man im Krankenhaus nach der Geburt.

Name :			
Kleber			
Vorname:			
Marie			
Geburtsdatum:			
15.11.2009			
Straße :			
Gröberstraße 7			
Wohnort			
79102 Freiburg			

Bringen Sie Ihr Kind zur Untersuchung:

U1	1. Lebenstag	15.11.2009	
U2	3.– 10. Lebenstag	vom 17.11.2009	bis 24.11.2009
U3	4.– 6. Lebenswoche	vom 06.12.2009	bis 20.12.2009
U4	3.– 4. Lebensmonat	vom 15.02.2010	bis 15.03.2010
U5	6.– 7. Lebensmonat	vom 15.05.2010	bis 15.06.2010
U6	10.– 12. Lebensmonat	vom 15.09.2010	bis 15.11.2010
U7	21.– 24. Lebensmonat	vom 15.08.2011	bis 15.11.2011
U7a	34.– 36. Lebensmonat	vom 15.09.2012	bis 15.11.2012
U8	3½ – 4 Jahre	vom 15.06.2013	bis 15.11.2013
U9	5.– 6. Lebensjahr	vom 15.11.2014	bis 15.11.2015

_19 c | Was kontrolliert der Kinderarzt bei der U6? Was muss Marie zeigen? Hören Sie noch einmal und kreuzen Sie an.

d | Waren Sie mit Ihrem Kind schon einmal bei einer U-Untersuchung? Erzählen Sie im Kurs.

Modul 7 | U-Untersuchungen | neunundzwanzig | 29

3 Medikamente und Hilfsmittel

Wo bekommen Sie in Deutschland Medikamente? Wer bezahlt die Medikamente?

a | Welche Arten von Medikamenten und Hilfsmitteln kennen Sie? Ordnen Sie zu.

> die Tropfen | das Pflaster | das Spray | der Verband | die Salbe | die Tabletten | die Kapseln

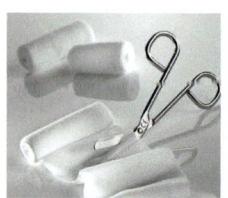
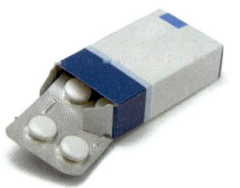
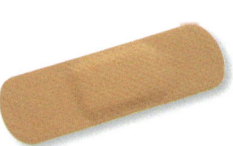

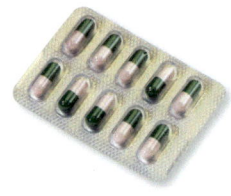

b | Was ist richtig? Lesen Sie die Fragen und kreuzen Sie an.

1. Wo kann man alle Medikamente kaufen?	In der Apotheke. ☐ Beim Arzt. ☐ Im Drogeriemarkt. ☐
2. Wann kann man starke Medikamente (z.B. Antibiotika) bekommen?	Man ist sehr krank. ☐ Man hat für das Medikament ein Rezept. ☐ Immer. ☐
3. Wer bezahlt rezeptpflichtige Medikamente?	Der Patient. ☐ Die Krankenkasse. ☐ Der Patient und die Krankenkasse. ☐
4. Wie viel muss man für rezeptpflichtige Medikamente bezahlen?	Den vollen Preis. ☐ 5 € bis 10 €. ☐ Diese Medikamente sind kostenlos. ☐

> **rezeptpflichtig ↔ rezeptfrei**
>
> Für rezeptpflichtige Medikamente braucht man vom Arzt ein Rezept.

_20 c | Hören Sie und vergleichen Sie mit Ihren Antworten.

d | Wie ist das in Ihrem Land? Wo bekommt man Medikamente und Hilfsmittel? Wer bezahlt die Medikamente? Erzählen Sie im Kurs.

- In ... bekommt man Medikamente in der Apotheke / vom Arzt, ...
- Man bezahlt ...

4 Ein Beipackzettel

Was ist ein Beipackzettel? Wo finden Sie wichtige Informationen?

der Beipackzettel =
die Packungsbeilage =
die Gebrauchsinformation

a | Was ist ein Beipackzettel? Kreuzen Sie an.

☐ eine Werbung   ☐ eine Information   ☐ eine Rechnung

b | Sehen Sie den Beipackzettel an: Welche Informationen verstehen Sie? Markieren Sie.

FLUSIUS

[1] Anwendungsgebiete: Leichte Schmerzen, Fieber, Erkältungen.

☐ Dosierung: Falls vom Arzt nicht anders verordnet, ist die übliche Dosis:

Alter	Einzeldosis	Maximaldosis pro Tag
Kinder von 6-17 Jahren	1 Tablette	3 Tabletten
Erwachsene	2 Tabletten	6 Tabletten

☐ ☐ Dauer und Art der Anwendung: Sie dürfen Flusius nicht länger als 4-5 Tage anwenden. Nehmen Sie die Tabletten mit viel Wasser nach dem Essen ein.

☐ Gegenanzeigen: Sie dürfen Flusius nicht einnehmen, wenn Sie gegen einen der Wirkstoffe allergisch sind. In den letzten vier Monaten der Schwangerschaft dürfen Sie Flusius nicht einnehmen.

☐ Wechselwirkungen: Bitte informieren Sie Ihren Arzt oder Apotheker, wenn Sie andere Medikamente einnehmen. Flusius darf nicht gleichzeitig mit Apoproban (Migräne-Medikament) eingenommen werden.

☐ Nebenwirkungen: Manchmal können Kopfschmerzen und Müdigkeit auftreten.

☐ ☐ Aufbewahrung / Haltbarkeit: Lagern Sie das Medikament an einem trockenen Ort und beachten Sie das Verfallsdatum auf der Schachtel.

c | Ordnen Sie jetzt die Fragen zu. Schreiben Sie die Zahlen in die Kästchen.

> 1. Gegen welche Krankheiten nimmt man das Medikament? | 2. Wann dürfen Sie das Medikament nicht nehmen? | 3. Was kann passieren, wenn Sie das Medikament nehmen? | 4. Wie viele Tabletten darf man nehmen? | 5. Darf man das Medikament auch mit anderen Medikamenten nehmen? | 6. Wie lange dürfen Sie das Medikament nehmen? | 7. Wo müssen Sie das Medikament lagern? | 8. Wie lange dürfen Sie das Medikament lagern?

d | Wer darf Flusius einnehmen? Kreuzen Sie an.

1. ☐ Silke ist im 3. Monat schwanger.
2. ☐ Tobias ist 3 Jahre alt.
3. ☐ Maria nimmt schon lange das Medikament Apoproban.
4. ☐ Laura nimmt seit 5 Tagen Flusius und hat immer noch Fieber.
5. ☐ Frank, 31 Jahre alt, hat leichte Rückenschmerzen.

! INFO

Beipackzettel sind oft schwer zu verstehen. Bitten Sie Ihren Arzt oder Apotheker um Hilfe.

Modul 8

1 Feiertage

Welche Feiertage gibt es in Deutschland? Wann sind sie?

a | Was meinen Sie: Welcher Feiertag passt zu welchem Foto / Text? Ordnen Sie zu.

> B Tag der Arbeit | ☐ Weihnachten | ☐ Neujahr | ☐ Allerheiligen |
> ☐ Ostern | ☐ Tag der Deutschen Einheit

A

Da feiert man die Geburt von Jesus Christus.

B

Internationaler Feiertag. Viele Menschen gehen auf Demonstrationen.

C

Seit 1990 sind Ost- und Westdeutschland wieder ein Land. Das feiert man.

D

Da beginnt das neue Jahr.

E

An diesem Tag geht man auf den Friedhof und denkt an die Toten.

F

Das ist das wichtigste Fest im Christentum. Man feiert die Auferstehung von Jesus Christus.

b | Wann sind die Feiertage? Überlegen Sie und schreiben Sie das Datum oder den Monat unter die Fotos.

c | Welche Feiertage sind politisch, welche sind religiös?

politisch / historisch: _____

_____

religiös: _____

_____

INFO

Es gibt katholische und evangelische Feiertage. Deshalb gibt es im Süden und im Norden teilweise andere Feiertage; in Süddeutschland gibt es bis zu fünf Feiertagen mehr als in Nord- oder Ostdeutschland.

d | Welche Feiertage gibt es in Ihrem Bundesland? Wann sind sie in diesem Jahr? Recherchieren Sie.

2 Zeitplanung

Wie geht man in Deutschland mit der Zeit um? Wie planen die Leute?

a | Sehen Sie die Bilder an: Haben Sie schon ähnliche Erfahrungen gemacht? Sprechen Sie im Kurs.

 b | Wie planen die Personen? Wie teilen sie ihre Zeit ein? Wählen Sie eine Aussage und sprechen Sie.

> **Eva Kantschek, 42:** Ich organisiere mein Leben ganz genau. Das ist mir sehr wichtig. Beruflich und privat – ich plane alles: die Ferien, Friseurtermine, private Besuche und mit wem ich in meiner Mittagspause essen gehe. Das überlege ich mir immer eine Woche vorher und mache dann mit allen Termine.

> **Simon Lauterbach, 23:** Ich studiere und habe einen festen Zeitplan für die Seminare und Kurse. Das reicht mir. Privat möchte ich keine Termine machen. Freunde treffen, ins Kino gehen, zusammen joggen – das plane ich nicht. Ich mache das spontan, nach Lust und Laune.

c | Wie gehen Sie mit Ihrer Zeit um? Kreuzen Sie an.

1. Termine sind für mich ☐ immer offiziell. ☐ private und offizielle Treffen. ☐ manchmal auch private Aktivitäten.

2. Ich notiere ☐ alle Termine. ☐ manche Termine. ☐ meine Termine nicht.

3. Ich plane ☐ alles. ☐ selten. ☐ nie.

4. Ich habe spontan ☐ oft Zeit. ☐ manchmal Zeit. ☐ nie Zeit.

d | Vergleichen Sie und erzählen Sie. Nennen Sie Beispiele.

e | Was meinen Sie: Plant man in Deutschland mehr oder anders als in Ihrem Land?

3 Absagen

Wie und wann sagt man ab? Welche Entschuldigungen sind akzeptabel?

a | Sehen Sie das Bild an und beschreiben Sie:
Was ist hier los?

b | Kennen Sie auch so eine Situation?
Erzählen Sie.

_21 c | Lesen Sie die Situationen und hören Sie die Absagen. Was meinen Sie: Welche Entschuldigungen sind akzeptabel? Welche nicht? Warum?

1 Frank zieht um. Seine Sachen sind gepackt und stehen schon vor der Haustür. Er hat einen Umzugshelfer mit einem LKW organisiert.

2 Bettina passt jeden Donnerstagnachmittag auf das Baby von Frau Wehner auf. Frau Wehner geht dann zur Arbeit.

3 Birgit fährt mit dem Auto nach Marburg und hat eine Mitfahrgelegenheit angeboten. Wolf hat vor zwei Tagen zugesagt.

4 Mark ist zu einem Geburtstagsessen bei Luise eingeladen. Er möchte aber lieber allein zu Hause bleiben.

5 Herr Piontek hat einen Termin bei der Krankengymnastin.

akzeptabel:	nicht akzeptabel:

d | Wie sind Ihre Erfahrungen mit Absagen? Erzählen Sie.

4 Einladungen
Wann bekommt man Einladungen? Wie sehen sie aus? Welche Reaktionen sind richtig?

a | Zu welchen Situationen passen die Einladungen? Ordnen Sie zu.

☐ Kindergeburtstag | ☐ Termin bei der Agentur für Arbeit |
☐ Jubiläum eines Kaufhauses | ☐ Arbeitsjubiläum

A

Liebe Kolleginnen und Kollegen!

Am Donnerstag, den 08. Dezember, feiere
ich mein 20-jähriges Jubiläum.
Ich freue mich, wenn viele von Ihnen /
euch kommen.
Ort: in der Kantine
Zeit: ab 16 Uhr

Katharina Schmidt

B

Sarstadt wird 100.
Feiern Sie mit uns!

Viele Angebote zu Sonderpreisen.

Am 2.12. gibt es in der Lebensmittelabteilung
ein Glas Sekt für jeden Kunden.

C

Hallo Max,
zu meinem Geburtstagsfest am 3. September
lade ich dich herzlich ein.
Wann: ab 14 Uhr
Wo: bei mir zu Hause, Kreuzbacher Straße 7

Viele Grüße
Philip

D

Sehr geehrter Herr Stock,

bitte kommen Sie am 31. 1. 2011 in die Agentur
für Arbeit, Nordbahnhofstr. 30-34, A 209.
Ich möchte mit Ihnen über Ihre berufliche
Situation sprechen.

Mit freundlichen Grüßen

Ihre **Agentur für Arbeit**

b | Welche Reaktionen passen zu den Einladungen oben? Ordnen Sie zu.

1. Ich gehe hin.
2. Ich gehe nicht hin, sage aber ab.
3. Ich gehe nicht hin und sage nicht ab.
4. Ich bedanke mich für die Einladung und sage zu.
5. Ich gehe nicht hin, weil ich krank bin. Ich rufe an und schicke ein Attest vom Arzt.
6. Ich rufe an und sage, dass mein Sohn leider nicht kommen kann.
7. Ich sage per Mail ab und wünsche eine schöne Feier.

c | Haben Sie in letzter Zeit Einladungen bekommen? In welcher Form? Als Einladungskarte, per Mail, mündlich
oder telefonisch? Wie haben Sie reagiert? Notieren Sie und sprechen Sie im Kurs.

Modul 9

1 Kosten und Ausgaben

Wofür gibt man in Deutschland viel Geld aus? Wofür in Ihrem Land? Warum?

a | Was meinen Sie: In welchem Land bezahlt man viel Geld für das Wohnen? Wo bezahlt man viel Geld für Lebensmittel? Kreuzen Sie an.

Hier bezahlt man viel Geld für das Wohnen:

☐ in Deutschland ☐ in Polen ☐ in Rumänien

Hier bezahlt man viel Geld für Lebensmittel:

☐ in Deutschland ☐ in Polen ☐ in Rumänien

b | Hören Sie und vergleichen Sie mit Ihren Antworten.

c | Wie ist es in Ihrem Land? Kreuzen Sie an.

	Dafür gibt man viel aus.	Dafür gibt man wenig aus.
Wohnen		
Mobilität		
Freizeit		
Lebensmittel		
Möbel		
Versicherungen		
Kleidung		
Alkohol und Tabak		
Kommunikation (Internet, Handy, …)		
Gesundheit		
Bildung		

d | Vergleichen Sie und erzählen Sie: Warum gibt man viel oder wenig Geld aus?

In Indien zahlt man für Bildung viel Geld. Viele Kinder bekommen noch privat Nachhilfe.

Auf den Philippinen haben fast alle Menschen ein Handy. Telefonieren und SMS verschicken ist dort sehr billig.

Die Franzosen geben viel Geld für Lebensmittel aus. Das ist ihnen wichtig.

2 Eine Überweisung

Wie füllen Sie ein Überweisungs-formular aus?

a | Sehen Sie die Rechnung an. Welche Informationen sind wichtig? Markieren Sie.

●●● Elektronik Schmitt
Stühlingerstraße 4
79106 Freiburg

Frau Maria Klein
Rennerstraße 7
79115 Freiburg

Rechnung Nr. 4563

Stück	Bezeichnung	Art.Nr.	Einzelpreis	Gesamtsumme
2	Lampen	K S 56	67,00 €	**134,00 €**

Zahlbar ab sofort netto ohne Abzug.
Reklamationen müssen innerhalb von 8 Tagen nach Erhalt der Ware gemacht werden.

Bei Zahlung bitte Rechnungsnummer angeben!

Geschäftsführer: Karl Schmitt
Bankverbindung: Postbank Freiburg, BLZ 400 103 77, Kto.-Nr. 45067699

---

b | Was passt zusammen? Verbinden Sie bitte.

Angaben in der Rechnung

1. Wie viel muss Maria Klein bezahlen?
2. Wer bekommt das Geld?
3. Wohin überweist sie das Geld?
4. Wie ist die Nummer der Bank?
5. Wie ist die Kontonummer der Firma?
6. Wie ist die Rechungsnummer?

○ Postbank Freiburg ○
○ 45067699 ○
○ 400 103 77 ○
○ 134 € ○
○ 4563 ○
○ Elektronik Schmitt ○

Felder im Überweisungsformular

○ Bankleitzahl
○ Begünstigter
○ Konto-Nr. des Begünstigten
○ Kreditinstitut des Begünstigten
○ Kunden-Referenznummer Verwendungszweck
○ Betrag

c | Welche Angaben fehlen im Formular? Ergänzen Sie.

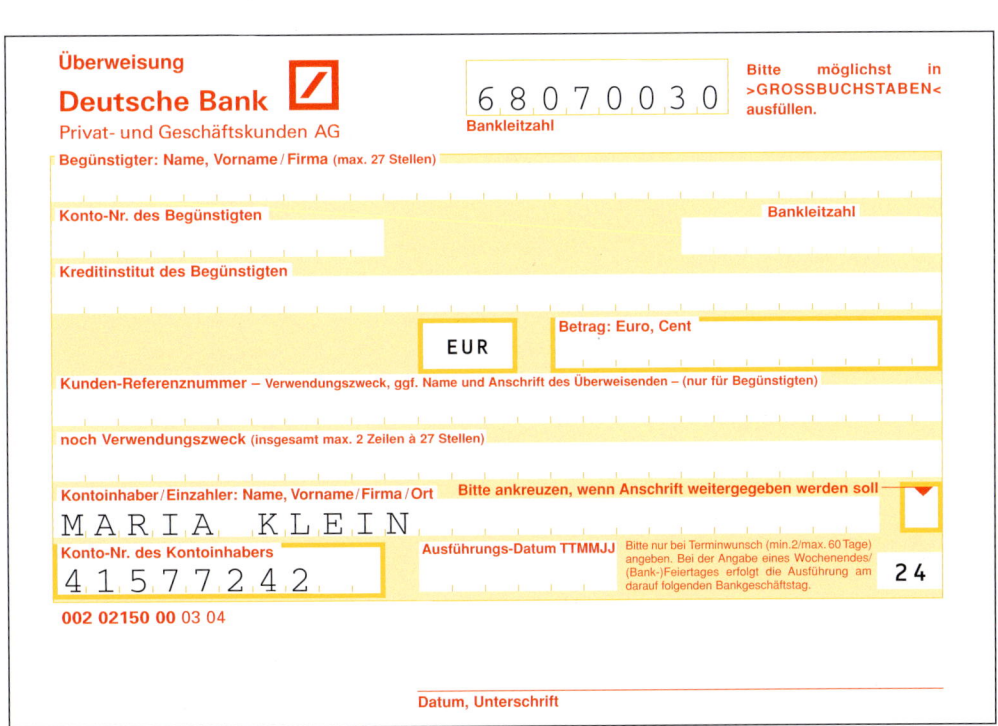

3 Gehaltsabrechnung

Wie viel Gehalt bekommt man als Arbeitnehmer? Wie hoch sind die Abzüge?

a | Lesen Sie die Gehaltsabrechnung. Wie groß ist der Unterschied zwischen Brutto- und Nettogehalt?

Gehaltsabrechnung für 04. 2010 in EUR

Elektrohaus Gigant
Mauerstr. 88-92
65402 Rüsselsheim

Frau   Personalnummer: 0521
Monika Muster Geburtsdatum: 23.8.1978
Am Hang 43   Steuerklasse: 4
65432 Seehausen

	Euro pro Monat	
Einkommen		
Gehalt	2.200,00	
Zulage	150,00	
Gesamtbrutto	2.350,00	
Abzüge		
☐ Lohnsteuer	486,45	
☐ Solidaritätszuschlag	23,27	
☐ Kirchensteuer	–	
☐ Krankenversicherung	176,25	
☐ Rentenversicherung	233,83	
☐ Arbeitslosenversicherung	32,90	
☐ Pflegeversicherung	22,91	
Netto	1.374,39	

b | Was muss man von seinem Gehalt bezahlen? Ordnen Sie die Texte den Steuern und Versicherungen zu.

1 Damit hilft der Staat sehr alten und kranken Menschen.

2 Alle Versicherten bekommen eine finanzielle Hilfe, wenn sie krank sind.

3 Damit finanziert man die Kosten für die deutsche Wiedervereinigung.

4 Im Alter bekommt man eine Rente ausbezahlt.

5 Wenn man arbeitslos wird, bekommt man Geld vom Arbeitsamt.

6 Der Staat finanziert damit Straßen, Schulen, Krankenhäuser, …

7 Diese Steuer muss man als Kirchenmitglied bezahlen.

c | Vergleichen Sie mit Ihrem Land: Welche Steuern und Versicherungen gibt es? Wie viel bezahlt man dafür?

- Bei uns gibt es eine Steuer für alles / … Steuern und … Versicherungen.
- In … bleibt vom Brutto die Hälfte / bleiben 80 Prozent / …

4 Lohnsteuerklassen

Welche Lohnsteuerklassen gibt es? Wer ist in welcher Steuerklasse?

INFO

Für das Netto-einkommen ist die Steuerklasse wichtig. Die Lohnsteuer-klasse richtet sich nach dem Familien-stand und dem Einkommen. Nur Ehepaare können sich die Steuerklasse aussuchen.

a | Welche Lohnsteuerklassen gibt es? Sehen Sie die Bilder an und ordnen Sie den Familienstand zu.

> 1. geschieden | 2. verwitwet | 3. allein erziehend | 4. ledig | 5. Person mit zwei Jobs | 6. verheiratet (nur ein Partner arbeitet) | 7. geschieden mit Kind | 8. verwitwet mit Kind | 9. verheiratet (beide arbeiten und bekommen ein ähnliches Gehalt) | 10. verheiratet (beide arbeiten, eine Person verdient viel) | 11. verheiratet (beide arbeiten, eine Person verdient wenig)

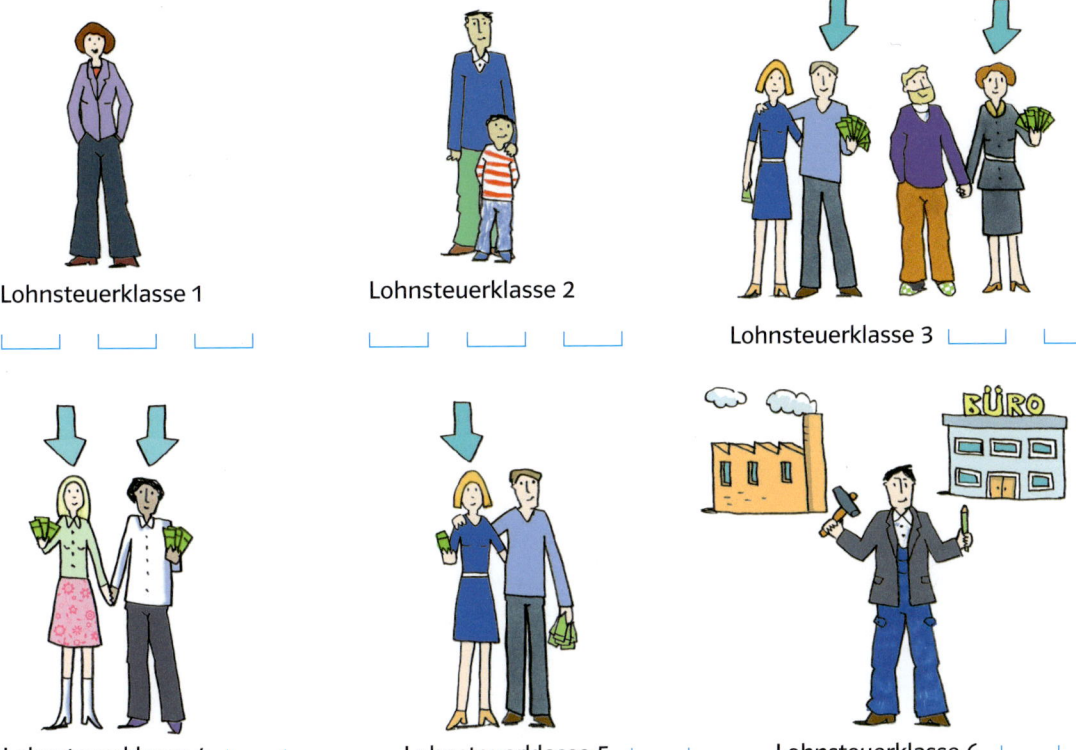

Lohnsteuerklasse 1

Lohnsteuerklasse 2

Lohnsteuerklasse 3

Lohnsteuerklasse 4

Lohnsteuerklasse 5

Lohnsteuerklasse 6

b | Wer ist in welcher Steuerklasse? Lesen Sie die Texte und notieren Sie die Steuerklassen.

1. Annette Wegner lebt zusammen mit ihrem Freund Carsten Martens in Stuttgart. Sie ist Krankenschwester von Beruf und arbeitet in einem Krankenhaus. Carsten Martens arbeitet als Hausmeister und Taxifahrer.

   Annette Wegner: Steuerklasse ⌴   Carsten Martens: Steuerklasse ⌴

2. Andrea und Jürgen Briller sind verheiratet und wohnen mit ihren drei Kindern in München. Jürgen arbeitet als Informatiker bei einer großen Computerfirma. Andrea arbeitet 12 Stunden in der Woche in einer Beratungsstelle.

   Jürgen Briller: Steuerklasse ⌴   Andrea Briller: Steuerklasse ⌴

Modul 10

1 Mobilität

Welche Verkehrsmittel nutzen Sie in Ihrem Alltag, für Ausflüge und Reisen?
Welche Möglichkeiten gibt es an Ihrem Wohnort?

a | Wie bewegen Sie sich fort? Notieren Sie Ihre Antworten.

1. Haben oder nutzen Sie ein Auto? Wie oft fahren Sie damit?

2. Haben Sie ein Fahrrad? Nutzen Sie es häufig?

3. Wie oft benutzen Sie den Bus, die Straßenbahn, die S- oder die U-Bahn?

4. Fahren Sie oft mit der Deutschen Bahn?

5. Wie weit fahren Sie täglich? Und wie lange sind Sie unterwegs?

6. Wohin fahren Sie regelmäßig (z.B. am Wochenende)?

7. Wie reisen Sie in Ihr Herkunftsland?

8. Haben Sie Freunde oder Verwandte in Deutschland? Wie oft besuchen Sie sie im Jahr?

9. Fahren Sie in den Urlaub und womit reisen Sie?

10. Fliegen Sie manchmal innerhalb Deutschlands?

b | Vergleichen Sie.

c | Welche Angebote und Möglichkeiten im Nah- und Fernverkehr gibt es an Ihrem Wohnort? Welche Erfahrungen und Tipps haben Sie? Sammeln Sie im Kurs.

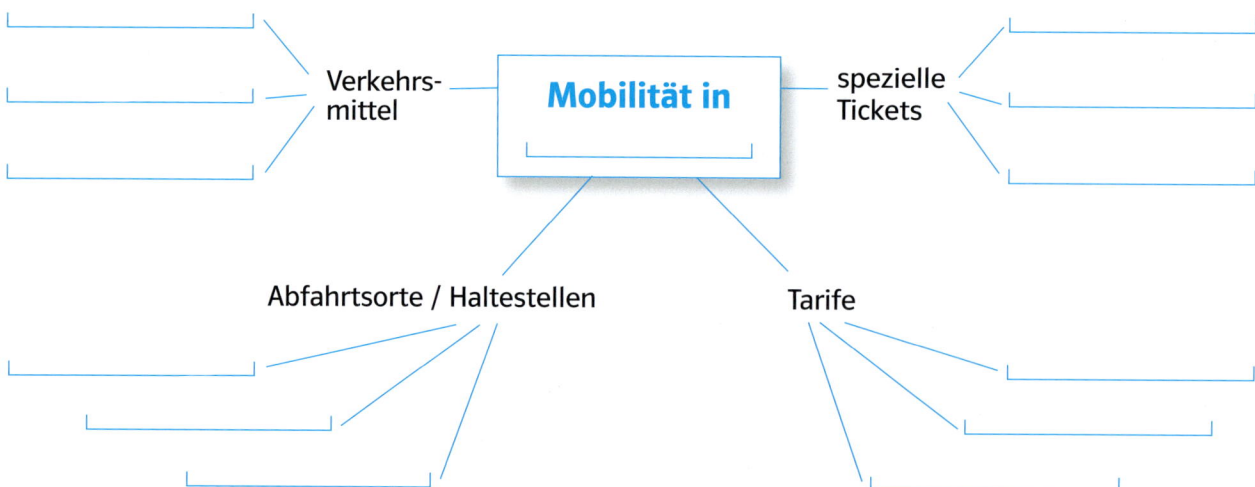

2 Schulferien und Urlaub

Wann sind die Schulferien? Wann machen die Deutschen Urlaub?

a | Wann sind die Schulferien in Brandenburg und Sachsen-Anhalt im Jahr 2012? Vergleichen Sie.

	Winter-ferien	Oster-ferien	Pfingst-ferien	Sommer-ferien	Herbst-ferien	Weihnachts-ferien
Brandenburg	30. 1. – 4. 2.	4. 4. – 14. 4.	30. 4. + 18. 5.	21.6. – 3.8.	1.10. – 13.10.	24.12. – 4.1.13
Sachsen-Anhalt	4. 2. – 11. 2.	2. 4. – 7. 4.	21. 5. – 26. 5.	23.7. – 5.9.	29.10. – 2.11.	19.12. – 4.1.13

> ▪ In Brandenburg sind die … früher. **|** Sie beginnen … **|** Sie enden …

b | Wie sind die Schulferien aktuell und im nächsten Jahr in Ihrem Bundesland? Ergänzen Sie die Tabelle.

	Winter-ferien	Oster-ferien	Pfingst-ferien	Sommer-ferien	Herbst-ferien	Weihnachts-ferien
aktuelles Jahr						
nächstes Jahr						

c | Sehen Sie die Grafik an: In welchen Monaten und in welchen Ferien verbringen Deutsche Ihren Haupturlaub?

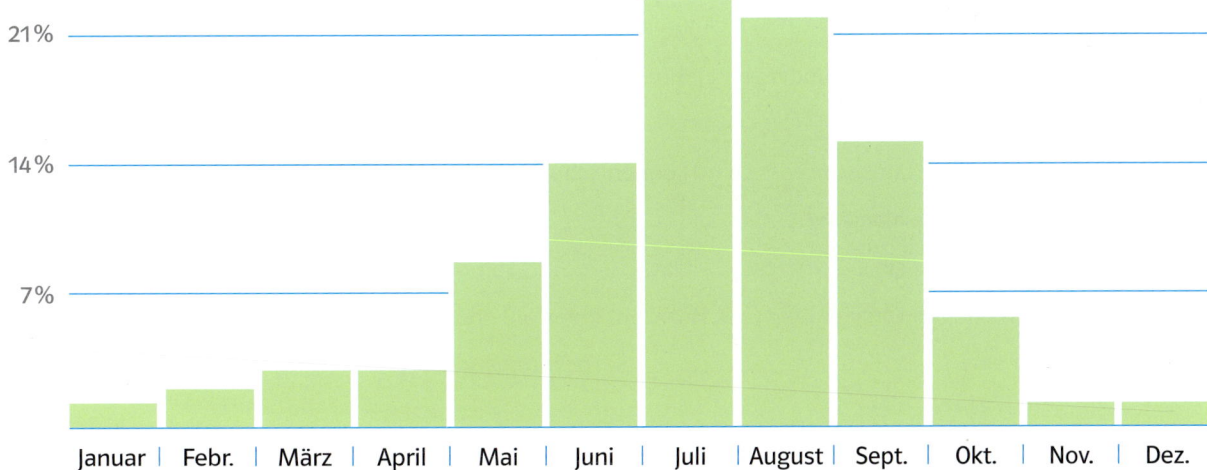

d | Wie sind die Ferienzeiten in Ihrem Herkunftsland? Verreisen die Leute? Wann?

> In Italien sind die Sommerferien von Mitte Juni bis Mitte September. Der August ist aber der typische Ferienmonat. Da fahren viele ans Meer.

3 **Urlaub und Schulpflicht**

Wann dürfen Kinder in der Schule fehlen? Wann kann man sie beurlauben lassen?

🔘 _23   **a** | Hören Sie das Gespräch und kreuzen Sie an.

	richtig	falsch
Thomas geht es sehr gut. Er kommt gerade aus dem Urlaub.		
Thomas fliegt mit seiner Familie nach Griechenland.		
Die Flüge sind in den Schulferien teurer.		
Thomas fliegt zwei Tage vor Beginn der Schulferien.		

b | Was meinen Sie: Wann dürfen Kinder in der Schule fehlen? Kreuzen Sie an.

☐ bei Krankheit

☐ an einem wichtigen Feiertag

☐ bei einer Hochzeit in der Familie

☐ bei Müdigkeit

☐ bei einem Todesfall in der Familie

☐ bei einem Besuch von Verwandten

☐ bei günstigen Urlaubsmöglichkeiten

☐ an ihrem Geburtstag

c | Ergänzen Sie den Infokasten und vergleichen Sie mit Ihren Antworten in b.

Entschuldigung | Beurlaubung | Attest | Schulzeit

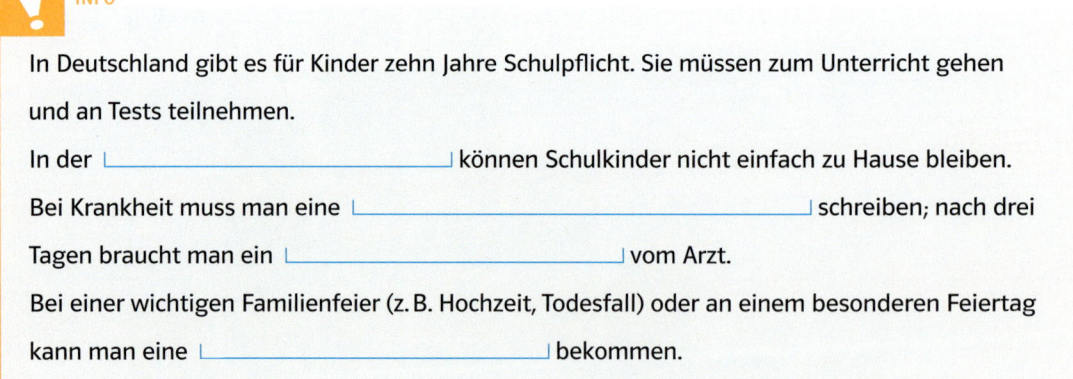

INFO

In Deutschland gibt es für Kinder zehn Jahre Schulpflicht. Sie müssen zum Unterricht gehen und an Tests teilnehmen.

In der _____ können Schulkinder nicht einfach zu Hause bleiben.

Bei Krankheit muss man eine _____ schreiben; nach drei

Tagen braucht man ein _____ vom Arzt.

Bei einer wichtigen Familienfeier (z. B. Hochzeit, Todesfall) oder an einem besonderen Feiertag

kann man eine _____ bekommen.

🔘 _24   **d** | Hören Sie nun das Ende des Gesprächs. Was antwortet Thomas?

 e | Sie möchten Ihr Kind vom Unterricht beurlauben lassen. Sehen Sie den Dialog auf Seite 47 an. Spielen Sie dann ähnliche Dialoge.

4 Urlaubsregelungen

Wie sind die gesetzlichen Urlaubsregelungen in Deutschland?
Wie viele bezahlte Urlaubstage bekommt man?

a | Wie viele Urlaubstage bekommt man als Arbeitnehmer? Lesen Sie die Information, rechnen Sie und ergänzen Sie die Tabelle.

6-Tage-Woche	
5-Tage-Woche	*20 Urlaubstage*
4-Tage-Woche	
3-Tage-Woche	

INFO

Bei einer 6-Tage-Woche bekommen Arbeitnehmer mindestens 24 Tage Urlaub im Jahr. Viele Arbeitgeber geben aber mehr Urlaubstage.

b | Welche Urlaubsformen gibt es? Ordnen Sie die Texte zu.

☐ Bildungsurlaub | ☐ Elternzeit | ☐ Sonderurlaub | ☐ Erholungsurlaub

1 In diesem Urlaub können sich Arbeitnehmer von der Arbeit erholen.

2 Fünf Tage im Jahr kann man eine berufliche Fortbildung besuchen.

3 Nach der Geburt eines Kindes können Eltern diesen unbezahlten Urlaub nehmen, für maximal drei Jahre.

4 Diesen Urlaub kann man bekommen, wenn man heiratet, umziehen muss oder bei schweren Erkrankungen in der Familie.

c | Wie und wann kann man Urlaub nehmen? Sehen Sie das Bild an und kreuzen Sie die richtigen Sätze an.

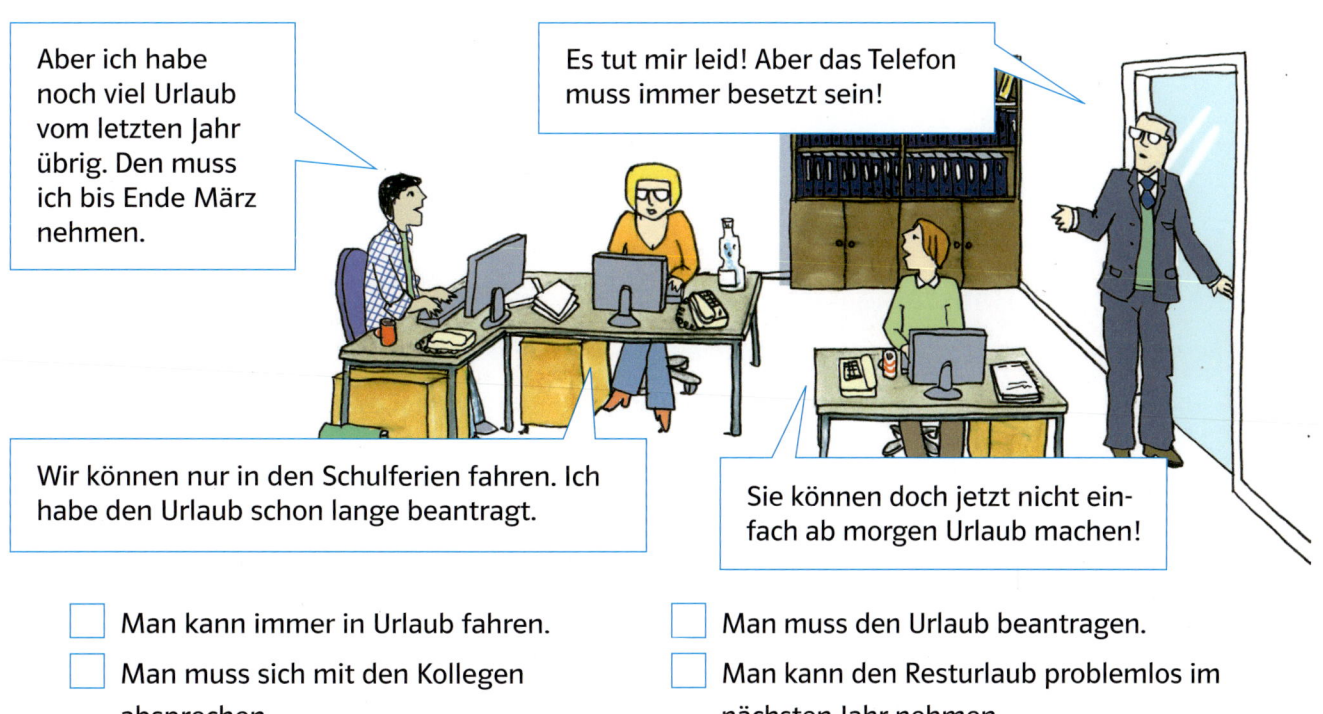

☐ Man kann immer in Urlaub fahren.

☐ Man muss sich mit den Kollegen absprechen.

☐ Man muss den Urlaub beantragen.

☐ Man kann den Resturlaub problemlos im nächsten Jahr nehmen.

Sie machen persönliche Angaben.

A Guten Tag. Wie kann ich Ihnen helfen?

B Guten Tag. Ich möchte mich zu … anmelden.

A Gut. Dann brauche ich Ihre persönlichen Angaben: Name? Vorname?

B Ich heiße …

A Und wie ist Ihre Adresse?

B Ich wohne in der …straße, in …

A Und die Postleitzahl?

B Die Postleitzahl ist …

A Jetzt brauche ich noch Ihren Familienstand.

B Ich bin … und habe eine Tochter / einen Sohn / … Kinder.

A Gut, dann habe ich alles. Vielen Dank.

Sie bitten um Sprachhilfe.

A Sie müssen dieses Formular ausfüllen.

B Gibt es das Formular auch auf …?

A Nein, wir haben das leider nur auf Deutsch.

B Hm, ich verstehe nicht alle Fragen. Können Sie mir bitte beim Ausfüllen helfen?

A Ja, natürlich.

Sie geben Ihre Sprachkenntnisse an.

A Welche Sprachen sprechen Sie?

B Meine Muttersprache ist … und jetzt lerne ich Deutsch.

A Haben Sie in der Schule eine Fremdsprache gelernt?

B Ja, ich habe … Jahre … gelernt.

Redemittel – Bausteine

Persönliche Angaben

Ich heiße …
Mein Familienname ist …
Mein Vorname ist …

Ich bin ledig / verheiratet / geschieden / verwitwet.
Ich lebe in einer Lebenspartnerschaft.
Ich habe … Kinder / keine Kinder.

Meine Adresse ist …
Ich wohne in …

Nach einer Sprachhilfe fragen

Haben Sie das Formular auch auf Türkisch / …
Können Sie mir bitte beim Ausfüllen helfen?

Gibt es einen Dolmetscher?

Sprachkenntnisse angeben

Meine Muttersprache ist …
… und … sind meine Muttersprachen.

In … ist … Amtssprache.
In der Schule habe ich … Jahre … gelernt.
… ist meine erste Fremdsprache,
… ist meine zweite Fremdsprache.
Ich spreche auch ein bisschen …

Ich spreche sehr gut / gut / nicht so gut …

Sie sprechen über Ihre Qualifikationen.

A Welche Qualifikation haben Sie?

B Ich habe eine Ausbildung als …
gemacht und zwei Jahre bei …
gearbeitet.

A Und welche Fähigkeiten und
Kenntnisse bringen Sie sonst
noch mit?

B Ich bin … und habe gute …-
Kenntnisse.

A Aha, interessant. Vielleicht ist ein
Angebot für Sie dabei.

Sie beschreiben Ihre Jobvorstellungen.

A Guten Morgen, was kann ich für Sie tun?

B Guten Morgen. Ich suche eine neue Arbeit.

A Was suchen Sie denn für eine Arbeit?

B Also, ich bin … von Beruf, aber ich arbeite zurzeit als …
Ich möchte gerne wieder als … arbeiten.

A Suchen Sie eine Vollzeit- oder eine Teilzeitstelle?

B Ich will 20 Stunden / 30 Stunden / voll arbeiten.

A Einen Moment bitte. Ja, hier habe ich vielleicht etwas: …

B Hm, interessant / gut / ich weiß nicht.

A Haben Sie noch eine Frage?

B Ja, wie sind denn die Arbeitszeiten?

A Die sind von 7 bis 16 Uhr.

B Danke schön.

Sie stellen sich neuen Kollegen vor.

A Hallo, ich bin …, die neue Kollegin /
der neue Kollege.

B Hallo, mein Name ist …
Freut mich, Sie kennen zu lernen.

A In welcher Abteilung arbeiten Sie?

B Ich arbeite in der …-Abteilung. Und Sie?

A Ich arbeite in der …-Abteilung.

B Schön. Ich freue mich auf die Zusammen-
arbeit.

Jobvorstellungen beschreiben

Ich bin … von Beruf, aber ich arbeite
zurzeit …
Ich suche eine Vollzeit- / Teilzeitstelle.
Wie sind die Arbeitszeiten?

Berufliche Qualifikation benennen

Ich habe … Jahre die Schule besucht.
Ich habe eine Ausbildung als …
gemacht.
Ich habe … studiert.
Ich habe … Jahre Berufserfahrung.

Ich bin teamfähig / flexibel / kreativ …
Ich kann sehr gut / gut …

**Sich am neuen Arbeitsplatz
vorstellen**

Ich bin Ihr neuer Kollege / Ihre neue
Kollegin.
Freut mich, Sie kennen zu lernen.

Ich freue mich auf die Zusammen-
arbeit.

Sie brauchen eine Fahrkarte und fragen jemanden um Hilfe.

A Entschuldigung, ich habe Probleme mit dem Fahrkartenautomat. Können Sie mir bitte helfen?

B Ja, klar!

A Ich möchte zum Hauptbahnhof / nach … Welche Zone ist denn das?

B Das ist Zone … Drücken Sie diese Taste hier.

A Danke. Und mit welcher Linie muss ich fahren?

B Sie müssen mit der … Richtung … fahren.

A Wie viele Stationen sind das?

B Das sind … Stationen.

A Vielen Dank.

Sie besichtigen eine Wohnung und sprechen mit dem Vermieter.

A So, jetzt haben Sie alles gesehen. Gefällt Ihnen die Wohnung?

B Ja, die Wohnung gefällt mir sehr gut. Ich habe noch eine Frage. Ab wann ist die Wohnung frei?

A Wir müssen noch … Ich denke, bis … ist die Wohnung fertig.

B In Ihrer Anzeige steht, die Wohnung kostet … Euro warm. Gibt es noch weitere Kosten?

A Nur die Kosten für … kommen noch hinzu. Das sind ca. …

B Schön. Ich bin an der Wohnung sehr interessiert.

Sie rufen bei der Mieterberatung an.

A Mieterberatung, …, guten Tag.

B Guten Tag, mein Name ist … Ich habe Fragen zu meinem Mietvertrag. Können Sie mich da beraten?

A Natürlich, gern. Sind Sie Mitglied bei uns?

B Nein, noch nicht. Wie funktioniert das denn?

A Für eine Beratung müssen Sie bei uns Mitglied werden. Das kostet … Euro im Jahr, die Beratung ist dann kostenlos.

B In Ordnung. Und wie sind die Öffnungszeiten?

A Unsere Beratung findet … statt.

B Muss ich etwas mitbringen?

A Ja, bringen Sie bitte Ihren Mietvertrag mit.

B Gut. Vielen Dank für die Information.

Redemittel – Bausteine

Nach der Fahrkarte und der Linie fragen

Wie viel kostet eine Fahrkarte?
Mit welcher Linie muss ich fahren?
Wie viele Stationen sind es bis …?
Ich möchte nach … fahren, welche Zone ist das?

Eine Wohnung besichtigen

Wie hoch ist die Miete?
Gibt es noch weitere Kosten?
Muss man eine Kaution bezahlen?
Ab wann ist die Wohnung frei?

Die Wohnung gefällt mir / uns.
Ich bin / Wir sind an der Wohnung interessiert.

Bei der Mieterberatung anrufen

Ich habe Fragen zu …
Können Sie mich beraten?

Muss ich bei Ihnen Mitglied sein?
Wie viel kostet die Beratung?
Wie hoch ist der Mitgliedsbeitrag?

Sie möchten Informationen zu einem Medikament.

> A Guten Tag. Ich habe hier ein Rezept für …
> B Hier, bitte. Sie müssen noch 5 Euro Rezeptgebühr bezahlen.
> A Entschuldigung, ich habe noch eine Frage zu dem Medikament. Wie oft muss ich die Tabletten nehmen?
> B Zweimal täglich.
> A Und wann?
> B Vor dem Frühstück und vor dem Abendessen. Trinken Sie viel Wasser dazu.

Sie beantragen Ihren Urlaub.

> A Entschuldigung, haben Sie einen Moment Zeit für mich?
> B Ja?
> A Ich möchte im … … Wochen Urlaub machen. Geht das?
> B … Wochen im …? Oh je, im … machen schon viele Mitarbeiter Urlaub.
> A Ich weiß, aber ich habe schulpflichtige Kinder. Wir können nur in den Schulferien Urlaub machen.
> B Ja, das verstehe ich.
> A Wie muss ich den Urlaub beantragen?
> B Sie müssen diesen Antrag ausfüllen.

Sie möchten Ihr Kind vom Unterricht beurlauben lassen.

> A Frau …, kann ich Sie einen Moment sprechen?
> B Ja, natürlich. Worum geht es denn?
> A Ich möchte … beurlauben lassen. Meine Schwester heiratet nächsten … Wir fliegen schon …
> Meine Tochter kann deshalb von … bis … nicht am Unterricht teilnehmen.
> B Okay. Danke, dass Sie mich informiert haben.

Fragen zu Medikamenten

Ich verstehe den Beipackzettel nicht.
Ich habe noch eine Frage zu dem Medikament.

Wie oft muss ich das Medikament nehmen?
Wann / Wie lange / Wie muss ich die Tabletten nehmen?
Wie viel kostet das Medikament?

Nach dem Urlaub fragen

Kann ich im … Wochen Urlaub machen?
Ich habe schulpflichtige Kinder. Wir können nur in den Schulferien Urlaub machen.

Wann / Wo / Wie muss ich meinen Urlaub beantragen?

Ein Schulkind beurlauben lassen

Ich möchte meine Tochter / meinen Sohn beurlauben lassen.

… heiratet / ist gestorben. Wir fahren / fliegen dorthin.

… kann von … bis … nicht in die Schule kommen.

Bildquellennachweis

Cover Avenue Images GmbH RF (Getty RF), Hamburg; iStockphoto (Natalie Magiati), Calgary, Alberta; iStockphoto (Miko Materne), Calgary, Alberta; **4.1; 4.2; 4.4; 4.5** Stephan Klonk Fotodesign (Stephan Klonk), Berlin; **4.3** Klett-Archiv (Patrick Dembski), Stuttgart; **4.6** iStockphoto (Chris Schmidt), Calgary, Alberta; **6** Schwaneberger Verlag GmbH, Unterschleißheim; **7** Avenue Images GmbH RF (StockDisc), Hamburg; **8.1; 8.4** iStockphoto (paul kline), Calgary, Alberta; **8.2** Getty Images, München; **8.3** Mauritius Images, Mittenwald; **12.1** Fotolia LLC (Rohit Seth), New York; **12.2** iStockphoto (Jacom Stephens), Calgary, Alberta; **12.3** iStockphoto (Galina Barskaya), Calgary, Alberta; **16.1** Getty Images, München; **16.2** Fotolia LLC (SyB), New York; **16.3** Ullstein Bild GmbH (Sylent Press), Berlin; **18.1** Nestle Deutschland AG, Frankfurt am Main; **18.2** Caro Fotoagentur (Hechtenberg), Berlin; **18.3** iStockphoto (Pali Rao), Calgary, Alberta; **18.4; 18.5** Stills-Online, Hamburg; **18.6** Coca-Cola GmbH, Berlin; **18.7** shutterstock (juliengrondin), New York, NY; **18.8** Gärtner, Mario (Mario Gärtner), Stuttgart; **19.1** iStockphoto (quavondo), Calgary, Alberta; **19.2** iStockphoto (Don Bayley), Calgary, Alberta; **19.3** iStockphoto (Claudia Dewald), Calgary, Alberta; **19.4** iStockphoto (Pavel Losevsky), Calgary, Alberta; **22.1** VVS Stuttgart GmbH, Stuttgart; **22.2** Klett-Archiv (Coleen Clement), Stuttgart; **23.1; 23.2** VVS Stuttgart GmbH, Stuttgart; **24.1** shutterstock (Franck Boston), New York, NY; **24.2** iStockphoto (Alexander Hafemann), Calgary, Alberta; **24.3** iStockphoto (Ethan Myerson), Calgary, Alberta; **24.4** shutterstock (Mehmet Yunus), New York, NY; **24.5** Avenue Images GmbH RF (Banana Stock), Hamburg; **24.6** iStockphoto (Jordan Chesbrough), Calgary, Alberta; **24.7** iStockphoto (dlugoska), Calgary, Alberta; **27** shutterstock (cloki), New York, NY; **29.1** iStockphoto (xyno6), Calgary, Alberta; **29.2** Klett-Archiv (Claudia Stumpfe), Stuttgart; **30.1** Fotolia LLC (XJ6652), New York; **30.2** Fotolia LLC (DrBest), New York; **30.3** Fotolia LLC (Radu Razvan), New York; **30.4** Fotolia LLC (odluap), New York; **30.5** MEV Verlag GmbH, Augsburg; **30.6** Fotolia LLC (carroteater), New York; **30.7** Fotolia LLC (abcmedia), New York; **32.1** PantherMedia GmbH (Heinz-Jürgen Landshoeft), München; **32.2** Ullstein Bild GmbH (ecopix), Berlin; **32.3** Ullstein Bild GmbH (Schnürer), Berlin; **32.4** Fotolia LLC (Karsten Fischbach), New York; **32.5** Ullstein Bild GmbH (SIPA), Berlin; **32.6** Ullstein Bild GmbH (AKG Pressebild), Berlin; **37** Deutsche Bank AG, Frankfurt; **41** Angaben nach Statista 2010

Trackliste Audio-CD

Track	Modul / Aufgabe		Track	Modul / Aufgabe
1	Modul 1, Aufgabe 1b		14	Modul 4, Aufgabe 1a
2	Modul 1, Aufgabe 2a		15	Modul 4, Aufgabe 1b
3 – 5	Modul 1, Aufgabe 2b		16	Modul 6, Aufgabe 2a
6	Modul 1, Aufgabe 2d		17	Modul 6, Aufgabe 3b
7	Modul 1, Aufgabe 4d		18	Modul 6, Aufgabe 3c
8	Modul 2, Aufgabe 2b		19	Modul 7, Aufgabe 2b / 2c
9	Modul 2, Aufgabe 3a		20	Modul 7, Aufgabe 3c
10	Modul 2, Aufgabe 3c		21	Modul 8, Aufgabe 3c
11	Modul 3, Aufgabe 1c		22	Modul 9, Aufgabe 1b
12	Modul 3, Aufgabe 2b		23	Modul 10, Aufgabe 3a
13	Modul 3, Aufgabe 2c		24	Modul 10, Aufgabe 3d

Audio-CD Impressum

Sprecherinnen und Sprecher: Magali Armengaud, Julia Bär, Coleen Clement, Miriam Friediger, Agnieszka Grzesiak, Markus Hess, Natascha Kuch, Stefanie Plisch de Vega, Lena Reinheimer, Marcel Schechter, Michaela Schulz, Inge Spaughton, Frank Streichfuss, Michael Stülpnagel, Victor Vega, Sofi Vega Plisch, Benjamin Wesener, Fatma Yildiz, Henrik van Ypsilon
Tontechnik: Gunther Pagel (Top10 Tonstudio), Michael Vermathen (Bauer Studios GmbH)
Produktion: Bauer Studios GmbH, Ludwigsburg
Presswerk: optimal media production GmbH, Röbel / Müritz

© Ernst Klett Sprachen GmbH, Stuttgart 2010